# História dos vampiros

FUNDAÇÃO EDITORA DA UNESP

*Presidente do Conselho Curador*
Mário Sérgio Vasconcelos

*Diretor-Presidente*
José Castilho Marques Neto

*Editor-Executivo*
Jézio Hernani Bomfim Gutierre

*Assessor Editorial*
João Luís Ceccantini

*Conselho Editorial Acadêmico*
Alberto Tsuyoshi Ikeda
Áureo Busetto
Célia Aparecida Ferreira Tolentino
Eda Maria Góes
Elisabete Maniglia
Elisabeth Criscuolo Urbinati
Ildeberto Muniz de Almeida
Maria de Lourdes Ortiz Gandini Baldan
Nilson Ghirardello
Vicente Pleitez

*Editores-Assistentes*
Anderson Nobara
Fabiana Mioto
Jorge Pereira Filho

Claude Lecouteux

# História dos vampiros
## Autópsia de um mito

Tradução
Álvaro Lorencini

© 1999 Éditions Imago

Título do original em francês: *Histoire des vampires – Autopsie d'un mythe*

© 2003 da tradução brasileira:

Fundação Editora da UNESP (FEU)
Praça da Sé, 108
01001-900 – São Paulo – SP
Tel.: (0xx11) 3242-7171
Fax: (0xx11) 3242-7172
www.editoraunesp.com.br
www.livrariaunesp.com.br
feu@editora.unesp.br

CIP – Brasil. Catalogação na fonte
Sindicato Nacional dos Editores de Livros, RJ

L498h

Lecoutex, Claude, 1943-
  História dos vampiros: autópsia de um mito / Claude Lecoutex; tradução Álvaro Lorencini. – São Paulo: Editora UNESP, 2005.

  Tradução de: Histoire des vampires
  Inclui bibliografia
  ISBN 85-7139-612-4

  1. Vampiros. 2. Vampiros na literatura. 3. Literatura – Temas, motivos. I. Título.

05-2388                                    CDD 398.47
                                           CDU 398.47

Editora afiliada:

# Sumário

Introdução  9

1. O mito do vampiro  19
   Os escritores fundadores  19
   Do vampiro à *vamp*  30
   A imaginação e a crença  32
   A contribuição dos enciclopedistas  35

2. O homem, a vida, a morte  39
   A morte má  41
   A boa morte  43
   Mortos puros e mortos impuros  47

3. A vida dos mortos  53
   O ensinamento dos memoriais  54
   O retorno dos defuntos  58

Cristianismo e tradições populares   64

Como alguém se torna vampiro?   66

4. Os precursores dos vampiros   73

   O evocador   73

   O batedor   76

   O visitante   79

   O faminto   82

   O nonicida   87

   O *appesart*   89

   O pesadelo   90

   O estrangulador   92

   O mastigador   94

   Os fantasmas de forma animal   99

5. As denominações dos vampiros   101

   A propósito de feiticeiros e de lobisomens   102

   *Vârkolac*   102

   *Grobnik*   103

   *Opyr*   104

   *Vurdalak*   104

   *Brucolaque*   105

   *Nosferat*   106

   *Murony*   106

   *Strigoï*   107

   *Moroiu*   108

   *Stafia*   109

   *Vampir*   110

6. Como se proteger dos vampiros?   113
   Os nascimentos suspeitos   114
   Precauções quando da morte e da inumação   116
   Depois do enterro   125
   Proteger sua casa   126

7. Identificar e matar o vampiro   129
   As mortes em cascata   129
   A identificação do vampiro   131
   A eliminação do vampiro   139
   Como se curar da mordida de um vampiro?   153

8. Perguntas e respostas   157
   A emergência do vampirismo   158
   A opinião dos teólogos   161
   A opinião do corpo médico   163
   A recusa da evidência   170

Apêndice
   Os vampiros de Medvegia   179
   A mortalha da falecida   184
   O vampiro de Bendschin   186

Referências bibliográficas   201

Índice remissivo   207

# Introdução

"Uma força me expulsa do túmulo
Para procurar de novo os bens de que estou privado,
Para amar de novo o esposo já perdido
E para aspirar o sangue de seu coração."

Goethe, *A noiva de Corinto* (1797)

Que os mortos possam voltar para afligir os vivos é uma crença que se perde na noite dos tempos: os fantasmas raramente são animados de boas intenções. O imaginário humano encontrou formas diversas para esse pensamento, geralmente pouco conhecidas visto que, a partir do século XVIII, foram suplantadas por aquele vampiro cuja imagem foi pouco a pouco se fixando para resultar no famoso Drácula, imortalizado por Bram Stoker (1847-1912) num romance que não cessou de ser reeditado[1] e de inspirar escritores e cineastas. Em 1993, Fred Saberhagen e James V. Hart até adaptaram a história para o teatro.

---

1 Duas reedições na Inglaterra (Oxford,1983; Londres, 1993), três na França (1989, 1992, 1993) e uma na Bélgica (1993).

Para um vasto público, o vampiro é um sugador de sangue que se aproxima à noite de quem está dormindo e provoca-lhe morte lenta aspirando sua substância vital. Romances e filmes nos familiarizaram com esse personagem que supostamente teme o alho e a cruz, com esse morto-vivo que tem medo da luz do dia; enquanto o sol brilha, ele permanece em seu caixão ou numa caixa repleta de terra de sua própria sepultura, onde dorme de olhos abertos, enquanto os ratos inibem qualquer aproximação. Verdadeiro morto-vivo, o vampiro tem a tez pálida, os caninos longos e pontudos, os lábios vermelhos, as unhas compridas; sua mão é gelada e seu pulso, forte. Ele deixa seu esconderijo acompanhado do ruído de cães ou de lobos uivando para a morte e, quando se infiltra numa casa, provoca o irreprimível torpor das pessoas acordadas. Alguns afirmam que ele pode metamorfosear-se em mosca, rato ou morcego para vir espiar a conversa de seus perseguidores sob essa forma animal; enfim, que é capaz de comunicar-se com seus semelhantes por telepatia. Ele desce pelos muros de seu castelo como uma lagartixa.

Esses dados embasam-se em tradições vindas de um passado distante. Stoker reuniu-os e organizou-os de maneira feliz, para produzir aquilo que viria a ser o mito do vampiro. Embora tenha se inspirado em autores anteriores, jamais alguém antes pintara um quadro com semelhante riqueza. William Polidori já havia mostrado o caminho com *The Vampyre, a Tale* [*O vampiro, um conto*] (1819).

Grandes nomes assinaram histórias de vampiros: Prosper Mérimée (1827), com *La guzla*, Baudelaire, Byron, Coleridge, Felix Dahn, Alexandre Dumas, Hans Heinz Ewers e Théophile Gautier, para citar apenas alguns.[2] Quanto à história cinemato-

---

2 Uma parte dos relatos foi publicada em *Histoire de morts-vivants*, por J. Goimard e R. Stragliati, Paris, 1977 (La Grande Anthologie du fantastique); D. Sturm, K. Völker, *Von denem Vampiren*, Frankfurt, 1994 (Phantastische Bibliothek, st 2281). Remetemos também para os estudos de Gerda Knödl,

gráfica do vampiro, esta começa em 1913 com *The Vampire* [*O vampiro*], de Robert Vignola, e recebe seus títulos de nobreza com *Nosferatu, uma sinfonia do horror*, de W. Murnau (1922), no qual a vítima prende o monstro até o raiar do dia, que o mata. De 1930 a 1940, nada menos que sete filmes abordaram o assunto, quase um por ano! E, a partir de 1943, houve um fluxo contínuo; todos nós pudemos ver, pelo menos uma vez desde 1958, Christopher Lee no papel de vampiro. Tratado com seriedade ou de modo humorístico, como fez Roman Polanski em *A dança dos vampiros* (1967), o tema teve sucesso fenomenal[3] – 58 filmes entre 1913 e 1970 –, o que prova que se trata de um assunto que preocupa os homens, aquele grande questionamento: o que acontece depois da morte? Desde 1994, todos podem conseguir o videocassete de *Drácula* (1992), de Francis Ford Coppola, e estremecer confortavelmente em casa, e na quinta-feira, 3 de dezembro de 1998, o canal de televisão France 3 exibia *Entrevista com o vampiro* (1994), de Neil Jordan, filme inspirado no romance gótico homônimo de Anne Rice (1976).[4] O filão cinematográfico parece inesgotável e vem produzindo o que há de melhor e de pior. Assim, foi possível ver o vampiro integrado ao faroeste em 1965 – *Billy the Kid contra Drácula* – e à história romana – *Hércules e os vampiros* (1962) e *Maciste*

---

Der Vampir in der Literatur des 20 Jahrhunderts, 1994; Carol A. Senf, *The vampire in nineteenth century English literature*, Bowling Green Ohio, 1988; W. Lottes, "Dracula & Co. Der Vampir in der englischen Literatur", *Archiv für das Studium der neueren Sprachen und Literaturen*, n.220, p.285-99, 1983; Ronald Hochhausen. *Der aufgehobene Tod im französischen Populärroman des 19 Jahrhunderts: Ewiger Jude, Vampire, Lebenselixiere*, Heidelberg, 1988 (Studia Romanica, 71).

3 Segundo K. M. Schmidt. Teria havido mais de 650 filmes de vampiros desde o início do cinema; cf. *Dracula, der Herrscher der Finsternis*. In: MÜLLER, U., WUNDERLICH, W. *Minellater Mythen 2*: Dämonen, Monster, Fabelwesen. Saint-Gall: 1999, p.185-204.

4 O vampiro, no final da série de livros da autora, transforma-se em um ídolo do *rock'n roll* que mergulha seu público numa histeria que acaba mal!

*contra o vampiro* (1961).[5] Quem negará a importância do tema para o imaginário humano? Os sociólogos explicam o florescimento da literatura e dos filmes de vampiro pela reunião de temas "eloquentes": doença, morte, sexualidade e religiosidade. Além disso, demonstram que o vampiro se destina a uma recuperação política. Desde 1741, o termo "vampiro" assume na Inglaterra o sentido de "tirano que suga a vida de seu povo", e Voltaire, depois, afirma que "os verdadeiros vampiros são os monges, que comem à custa dos reis e dos povos".[6] Karl Marx vê os capitalistas como sugadores de sangue, e em *Jonathan, os vampiros não morrem* (1970) Hans W. Geissendörfer identifica Drácula com Hitler triunfante – uma maneira de dizer que as ideias nacional-socialistas são tão imortais quanto esses monstros –, enquanto Hans Heinz Ewers, em *Vampiro* (1921), assimila os não mortos aos judeus. Como observa muito justamente Klaus M. Schmidt: "Em virtude de sua natureza, Drácula, o anticristo, possui o poder de suscitar infinitas associações positivas e negativas".[7]

O sucesso dos vampiros reside certamente nesse poder que não se desmente; uma pesquisa rápida na internet permite descobrir mais de 250 *sites* consagrados a eles com fóruns de discussão.[8] Os endereços são particularmente saborosos: "O jardim vampírico" *(The Vampire Garden)*, "O universo do vampiro" *(Vampire's Universe)*, "A caverna do vampiro" *(The Vampire's Lair)*, "A lama do vampiro" *(Vampire's Mud)* etc. Constata-se que há, também, uma *Transylvanian Society of Dracula,* que edita um boletim intitulado *Internet Vampire Tribune Quarterly,* e boates

---

5 Leia-se o estudo de Margit Dorn, *Vampirfilme und ihre sozialen Funktionen*, Frankfurt/Berne/Las Vegas, 1994.
6 VOLTAIRE. *Ouvres complètes*. Paris: 1879. p.550. v.20.
7 *Dracula*, cit., p.196.
8 Recorrendo a *sites* de busca mais detalhados, o número ultrapassa vários milhares!

noturnas vampíricas. Em resumo, os amantes de curiosidades macabras estão bem servidos.

Personagem terrificante por ser inatingível, o vampiro habita o imaginário há séculos e aguça a sagacidade dos cientistas que não cessam de procurar uma explicação satisfatória para suas perambulações póstumas. Já em 1679, Philippe Rohr consagrou uma dissertação àqueles mortos que mastigam no túmulo, assunto retomado por Otto em 1732 e, depois, por Michaël Ranft em 1734. Ranft distinguiu relações entre o vampirismo e o pesadelo e julgou que tudo isso não passa de ilusão provocada por uma imaginação fértil. Outros eruditos argumentaram indefinidamente: Gottlob Heinrich Vogt, Cristoph Pohl e um anônimo que se identificava como "o médico de Weimar" dedicaram-se, os três, em 1732, a discutir a presumida não putrefação dos vampiros, que levanta uma questão teológica porque, teoricamente, só o corpo dos excomungados não se decompõe: Johann Cristoph Harenberg fez uma análise completa desse aspecto em 1733 e, em 1738, o marquês Boyer d'Argens comentou exemplos de vampirismo.

Contudo, o que abona a crença nos vampiros, o que tem provocado o fluxo de tratados eruditos, são os relatórios de autoridades, como aquele publicado em Belgrado, em 1732, pelo tenente-coronel Büttener e J. H. von Lindenfels sobre os vampiros da cidade sérvia de Medvegia,[9] ou aquele publicado no mesmo ano, em Berlim, pela Sociedade Real Prussiana de Ciências. Os eruditos tiraram daí as informações que comentaram infinitamente e, em 1746, dom Augustin Calmet, monge beneditino de Senones, fez a síntese dos estudos sobre o assunto na sua *Dissertation sur les apparitions des esprits et sur les vampires ou les revenants de Hongrie, de Moravie* [*Dissertação sobre as aparições dos espíritos e sobre os vampiros ou fantasmas da Hungria, Morávia*] etc.,

---

9 No apêndice encontra-se a tradução do processo judicial de exumação.

traduzida em alemão e várias vezes reeditada desde 1751.[10] Para Calmet, o vampirismo é consequência da subnutrição dos povos balcânicos, que lhes dá asas à imaginação. Essas explicações racionalistas e positivistas alimentam o artigo que Voltaire consagrou aos vampiros por volta de 1770, no *Dictionnaire philosophique* [*Dicionário filosófico*]. Resumindo, somado aos testemunhos diretos que conhecemos por crônicas locais, um fluxo ininterrupto de informações expande-se sobre a Europa desde o início do século XVIII. Devemos a ele, além das obras já citadas, alguns grandes textos literários como *A noiva de Corinto*, de Goethe.[11]

Toda essa massa de textos alimenta o imaginário contemporâneo, mas constitui também a origem dos erros e deformações sofridas pela crença primitiva, a origem das ideias recebidas e, sobretudo, da espantosa redução de vários tipos de mortos malfeitores à figura única do vampiro. Os livros dedicados a esses sugadores de sangue durante muitas décadas nada fizeram para restituir a imagem original: destinadas ao grande público, aparentemente aquele que se precipita nas salas escuras para estremecer de horror confortável, essas obras também deram crédito às ideias recebidas com maior ou menor felicidade, e são raros os estudos objetivos que apresentam o fenômeno e o analisam sem cair no irracional, sem apelar para a parapsicologia ou a psiquiatria.

Apoiando-nos nos testemunhos iniciais, nosso objetivo nesta pesquisa é fazer um trabalho de desmistificação, encontrar o objeto de uma crença ancestral e descobrir o contexto

---

10 Calmet influencia também os autores de romances populares do século XIX, Ponson du Terrail, por exemplo, que, em *La Baronne trépassée* (1853), faz seu herói dizer: "Ele estava lidando com um daqueles monstros muito conhecidos na Hungria e na Boêmia, chamados vampiros, e sobre os quais um monge, o padre Dom Calmet, acabava justamente de escrever um livro muito bonito, há dois ou três anos apenas".

11 Cf. SCHEMME, W. Die Braut von Korynth: von der literarischen Dignität des Vampirs. *Wirkendes Wort*, n.36, p.335-46, 1986.

mental em que se arraigou a noção de vampiro, porque, a nosso ver, essa ancoragem no real – mesmo que este não seja mais o nosso "real" e que tenhamos dificuldade em mergulhar na psique de nossos antepassados – é o que há de mais importante, nem que seja apenas por sua dimensão antropológica. O vampiro faz parte da história desconhecida da humanidade, desempenha um papel e tem uma função; não brotou do nada no século XVII ou XVIII. Ele se inscreve num conjunto complexo de representações da morte e da vida, que sobreviveu até nossos dias, certamente com uma riqueza bem menor do que naquele passado distante que tendemos a confundir com séculos de obscurantismo, aquelas épocas remotas e ignorantes que baniram as Luzes da razão.

Todavia, foi justamente a partir do século das Luzes que, como uma epidemia, os vampiros se espalharam em todos os setores. Tal fato não parece muito curioso? Sem dúvida, para esclarecer os espíritos, era, então, necessário retomar e analisar, dissecar as crenças antigas para mostrar toda a sua inanidade. Certamente! Mas o efeito sempre foi apenas parcial e os argumentos só convenceram aqueles que já estavam persuadidos de que se encontravam diante de uma excitação de humores, do produto de uma ilusão de óptica ou de uma imaginação transtornada. Entretanto, os vampiros jamais cessaram de fascinar os vivos, certamente porque são "um rasgo na trama das certezas científicas, tão solidamente tecida que parecia jamais dever sofrer o assalto do impossível", como disse Roger Caillois.

Símbolo da intrusão da morte e do além-túmulo por vias dissimuladas e brutais dentro de um universo que o exclui, o vampiro representa a inquietação que nasce de uma ruptura da ordem, de uma fissura, de um deslocamento, de uma contradição. O folhetinista Léon Gozlan o exprimiu bem em 1861:

> mas os vampiros não entram em nenhuma ordem, em nenhuma classe, em nenhum cálculo da criação. Eles não são nem a vida nem

a morte, eles são a morte que afeta a vida; ou, antes, são a máscara assustadora de uma e outra. Os mortos os repelem com pavor à noite, e os vivos não os temem menos.[12]

Em suma, eles são párias, banidos, e quase lamentamos sua triste sorte. Paul Féval fez a mulher-vampiro Addhéma dizer: "Mate-me, mate-me, eu lhe suplico em nome do Pai, do Filho e do Espírito Santo! Meu sofrimento mais terrível é viver nesta morte e morrer nesta vida".[13] Em *La ville vampire* [*A cidade-vampiro*] (1875), Féval definiu esses personagens inquietantes como um "povo prodigioso que a cólera de Deus amarra nos flancos de nossa terra, e cujos filhos, metade demônios, metade fantasmas, ao mesmo tempo vivos e falecidos, são incapazes de se reproduzir, mas também são privados do benefício de morrer".[14]

É necessário dizer uma palavra sobre nossas fontes. Partindo dos tratados do século XVIII que analisam as histórias de vampiros, retornamos aos originais que forneceram a matéria para as reflexões, e o leitor encontrará alguns deles em anexo. São essencialmente fragmentos de crônicas locais, jornais e aquilo que se denomina erroneamente "lendas". As chamadas "lendas" são, de fato, memoriais, isto é, relatos de um acontecimento digno de passar à posteridade em razão de seu caráter excepcional, surpreendente, inquietante, perturbador e, portanto, memorável, seja a título de exemplo dos perigos que podem representar os mortos malfeitores e insatisfeitos por esse ou aquele motivo, seja para dar conhecimento a todos dos remédios que permitem a uma comunidade reagir contra um flagelo e livrar-se dele. A "lenda" não é um conto: o narrador admite a

---

12 GOZLAN, L. Les Vampire du Val-de-Grâce. *La Presse*, 12.6.1981 a 17.7.1981.
13 FÉVAL, P. *Les Drames de la mort*. 1. *La Chambre des amours*; 2. *La Vampire*. Paris: 1865. p.241.
14 FÉVAL, P. *La ville vampire, aventure incroyable de Mme Anne Radcliffe*. Paris: 1875, p.250.

realidade passada ou presente dos acontecimentos evocados que, mesmo pertencendo ao sobrenatural, estão bem arraigados na vida cotidiana.[15] A "lenda" refere-se sempre a um sistema de crenças subjacentes, e quando se trata de defuntos, esse sistema é particularmente vasto, dado que ainda não desapareceu totalmente e que certos países da Europa central são um verdadeiro conservatório de crenças ancestrais.

Já que numerosos estudos foram consagrados a Drácula, que é a encarnação do mito moderno, propomo-nos apresentar essencialmente todos os indivíduos que foram agrupados sob o termo genérico de "vampiro", recolocando-os no seu contexto mental, fazendo, de certo modo, o estudo arqueológico do mito tal como o século XIX o forjou, após um longo processo de maturação cujas etapas vamos percorrer.[16] Então, o leitor descobrirá um mundo espantoso do qual os romances são, afinal, apenas um tênue reflexo, mesmo que fascinem acrescentando certos motivos, como a psicologia dos personagens, tensão e interpretação por vezes filosófica ou religiosa.

---

15 Cf. *Les Sources régionales de la Savoie*. Edição de J. Cuisenier. Paris, 1979, p.613.
16 Só trataremos dos vampiros europeus; para os outros, cf. M. Summers, *The Vampire, his kith and kin*, New York, 1960. Poderíamos evocar a Lilith hebraicas, os Pisáchas indianos e os Gandharvas védicos.

# 1
# O mito do vampiro

> "Quando ela de meus ossos sugou o interior
> E virei para ela, cheio de langor
> Para lhe dar um beijo de amor, vi somente
> Em seus flancos um odre de pus repelente!"
>
> Baudelaire, *As metamorfoses do vampiro*

## Os escritores fundadores

Três autores ingleses podem ser considerados os fundadores do mito moderno: doutor John William Polidori (1795-1821), J. Sheridan Le Fanu (1814-1873) e Bram Stoker. Os dois primeiros, de certo modo, relançaram o interesse sobre o assunto, mas foi o terceiro quem literalmente fixou a imagem atual do vampiro. O terreno já tinha sido preparado pelo movimento literário da *Gothic novel*, iniciado por Horace Walpole com *Château d'Otrante* [*Castelo de Otrante*] (1764), que repôs em moda os elementos da paisagem que encontramos nas histórias de vampiros, a saber: velhos castelos deteriorados, capelas em ruínas, cemitérios abandonados...

## John William Polidori

Em 1819, Polidori nos apresenta uma criatura inquietante que surge por ocasião de uma festa dada em Londres, em um inverno: lorde Ruthven, um fidalgo impassível, de olhos cinzentos e frios e tez lívida, que parece querer provocar angústia nas criaturas mais frívolas. Ele tem força sobre-humana e, ao sucumbir à gangrena, pede que levem seu corpo ao pico de uma montanha, a fim de que fique exposto aos raios da lua, solicitação que é atendida. Contudo, no momento em que desejam enterrá-lo, ele se desvanece. Reaparecerá mais tarde, provocando a morte de Aubrey, que terá tempo de comunicar que lorde Ruthven, o qual acabara de desposar sua irmã, é um vampiro. O texto termina com esta frase: "Lorde Ruthven tinha desaparecido e a irmã de Aubrey acabava de saciar a sede de um vampiro". A ambiência criada pelo narrador é fantástica e há mais subentendidos, próprios para excitar a imaginação, que verdadeiras descrições que permitam estabelecer uma tipologia do vampiro. O relato de Polidori acaba mal, já que lorde Ruthven não sucumbe à morte e poderá, então, continuar a sugar o sangue das vítimas escolhidas.

Esse pessimismo é reencontrado em *O vampiro do Val-de--Grâce* (1861), de Léon Gozlan, no qual se esquece de empalar o vampiro Brem Strombold, "esquecimento que sairá caro. O *brucolaque*[1] voltou várias vezes entre os vivos e causou grandes males às famílias".[2] Em *Eu sou uma lenda* (1954), de Richard Matheson, os vampiros dizimaram tão bem o gênero humano que só resta um punhado de homens...

---

1 Cf. adiante a definição do termo.
2 Publicado em folhetim no jornal *La Presse* de 12.6.1861 a 17.7.1861.

A novela de Polidori, *The vampyre, a tale* [*O vampiro, um conto*], lançou o gênero vampírico na Inglaterra. Foi traduzida para o francês em 1819 e imitada por Charles Nodier um ano depois. O ano de 1825 viu surgir uma nova tradução. Os vampiros conheceram um sucesso sem precedentes. Como observa com precisão um crítico alemão: "Ruthven, de Polidori, tornou-se uma espécie de 'Drácula' do século XIX. Em 1820, o Teatro da Porta Saint-Martin em Paris apresentava um melodrama, *Le vampire*, de Charles Nodier, T. F. A. Carmouche e A. Jouffroy, e podia-se ler na imprensa parisiense: 'Não há teatro parisiense que não possua seu vampiro! No da Porta Saint-Martin, há *O vampiro*, no *vaudeville*, *O vampiro*, e nas variedades, *Os três vampiros ou os raios da lua*'". Os sugadores de sangue invadem até a ópera, e a mais célebre é aquela cuja música foi composta por August Marschner, e o libreto por W. A. Wohlbrück, executada pela primeira vez em Leipzig, em 1828.

## John Sheridan Le Fanu

Em 1872, John Sheridan Le Fanu, por sua vez, nos apresenta, com *Carmilla*, um vampiro feminino atraído por mulheres,[3] inserindo-se em uma longa linhagem de crenças e tradições que remonta às bruxas e magas da Antiguidade clássica, a qual reencontramos em *La morte amoureuse* [*A morta amorosa*], de Théophile Gautier, e *A família do vurdalak*, de Alexis Tolstoi, primo do grande escritor. A um castelo isolado de Styria, chega um dia uma mulher chamada Carmilla que revela ser a condessa Mircalla de Karnstein, morta há mais de um século e cujo túmulo se encontra a meia légua dali. Uma série de mortes dizima as jovens mulheres da região e, depois, Laura, a narradora, e espa-

---

3 Nossas citações são extraídas da tradução de G. Camille publicada em *Histoire de fantômes anglais*, Paris, 1962, p.23-92.

lha-se o boato de que um *upyre* esteja assombrando a floresta. Sheridan Le Fanu dissemina as informações em seu texto: Carmilla, cujo nome é o anagrama de Mircalla, recusa-se a revelar seu nome de família, o nome de sua propriedade e o da região de onde vem; parece que ela não come, não reza suas orações, não suporta os cantos fúnebres e religiosos, sai de seu quarto sem abrir a porta ou a janela, é constantemente acometida de langor, tem caninos pontiagudos e assume a forma de um gato monstruoso, imagem que se assemelha ao quadro de Füssli (1741--1825) representando o pesadelo, com o qual o vampiro partilha muitos traços.[4] Eis como Laura descreve o primeiro ataque de Carmilla:

> Tive um sonho esta noite que marcou o início de uma angústia muito curiosa. Não posso chamá-lo de pesadelo, porque tinha perfeitamente consciência de estar adormecida. Mas tinha igualmente a certeza de encontrar-me em meu quarto, de estar deitada em minha cama ... Eu vi, ou julguei ver, o quarto e os móveis tais como antes de adormecer, exceto que estava muito escuro: algo que de início não pude distinguir nitidamente começou a mexer-se e a girar aos pés da minha cama. Era, pareceu-me, um animal preto de fuligem, semelhante a um gato monstruoso. Parecia que tinha quatro ou cinco pés de comprimento, porque tinha a dimensão do tapete doméstico sobre o qual ele passou; e continuou a mover-se para cá e para lá, com a agitação ágil e sinistra de um animal na jaula. Não pude chamá-lo porque, vocês já adivinham, estava aterrorizada. Ele se deslocava cada vez mais depressa e o quarto escureceu a tal ponto que só pude distinguir seus olhos. Senti-o pular levemente sobre minha cama. Os dois grandes olhos se aproximaram de meu rosto e bruscamente experimentei uma dor semelhante à picada de dois dardos pontiagudos como agulhas, afastados um

---

4 Cf. SCHIEF. G, VIOLTO, P. *Tout l'oeuvre peint de Füssli*. Paris, 1980. prancha XVII. Cf. ainda TERRAMORSI, B. La Revenance du *Nightmare* de Heinrich Füssli dans la littérature fantastique. In: BESSIÈRE J., MONTACLAIR, F. (ed). *La Littérature comparée et les arts: les motifs du fantastique*. Paris, 1998.

centímetro um do outro, que se cravavam profundamente em meu seio. Acordei com um grito. O quarto estava iluminado pela vela que queimava de noite e vi uma forma feminina, ereta ao pé da cama, um pouco à direita. Ela trajava um vestido escuro e ondulante, seus cabelos soltos cobriam-lhe os ombros. Um bloco de pedra não seria mais imóvel. Não havia o menor ruído de respiração. Como a olhava fixamente, a forma pareceu mudar de lugar, aproximar-se da porta que, em seguida, se abriu, e ela desapareceu.

Quando Carmilla suga o sangue de uma pessoa, ela deixa uma marca azulada. No momento em que o general Spielsdorf, cuja filha ela matou, a ataca, ela se volatiliza: "Ergui sobre ela minha espada", diz ele, "desferindo-lhe um golpe mortal: mas então eu a vi, indene. Aterrorizado, eu a persegui e a golpeei de novo. Ela tinha desaparecido, e minha espada se espatifou contra a porta". Uma segunda vez, o general golpeia Carmilla com toda a força, com um machado, "mas ela desapareceu sob o golpe e, ilesa, agarrou-o pelo punho com sua mão fina. Ele lutou por um momento para livrar o seu braço, mas sua mão entreabriu-se, o machado caiu e a jovem desapareceu". Para livrar-se dessa praga, abrem-lhe o túmulo:

> No dia seguinte, as formalidades regulares tiveram lugar na capela dos Karnstein. O túmulo da condessa Mircalla foi aberto. O general e meu pai – conta Laura – identificaram ambos sua bela e pérfida hóspede, pelo rosto agora descoberto a nossos olhos. Os traços, embora passados cento e cinquenta anos desde a inumação, estavam marcados pelas cores quentes da vida. Os olhos estavam bem abertos; nenhum odor cadavérico exalava do caixão. Os dois médicos, um oficial e o outro acompanhando o diretor do inquérito, atestaram o fato espantoso de que se percebia uma fraca mas real respiração, e um batimento correspondente do coração. Os membros estavam perfeitamente flexíveis e a carne, elástica; o caixão de chumbo estava repleto de sangue, até uma altura de cerca de dez centímetros; o corpo estava mergulhado nele. Lá se encontravam as provas inegáveis de vampirismo. O corpo, segundo

uma antiga prática, foi erguido e uma estaca aguda foi enterrada no coração do monstro que, nesse momento, emitiu um grito agudo semelhante ao que pode escapar de um ser vivo durante a agonia. Depois a cabeça foi cortada, e um fluxo de sangue escapou do pescoço seccionado. O corpo e a cabeça foram, em seguida, colocados sobre uma pequena fogueira e reduzidos a cinzas, que foram jogadas no rio e dispersadas ao vento. Daí por diante aquela região ficou livre do flagelo do vampiro.

Sheridan Le Fanu conhece bem seus clássicos e todo o seu pequeno romance nutre-se das informações de barbeiros, cirurgiões, eruditos e escritores do século XVIII. A descrição anterior é uma prova disso e mostraremos o original mais adiante. De modo contrário ao que alguns afirmam, Sheridan Le Fanu leu apenas o livro de Dom Calmet que resume o saber vampirológico em 1749, e realmente se documentou, daí o alcance de seu texto que contém uma espécie de apêndice reforçando a inquietação e a angústia do leitor:

> A maneira como os vampiros escapam de seu túmulo e voltam durante certo número de horas a cada dia sem deslocar a terra, sem deixar vestígios de desordem no caixão ou na mortalha, sempre permaneceu totalmente inexplicável ... É da natureza dos vampiros crescer e multiplicar-se, mas segundo a lei formal dos fantasmas. Tomem, para começar, um território perfeitamente isento desse flagelo. Como ele começa e como se multiplica? Uma pessoa mais ou menos perversa dá fim à própria vida. Um suicida, em certas circunstâncias, torna-se vampiro. Esse espectro visitará os seres vivos em seu sono: estes morrerão e quase todos invariavelmente se transformarão em vampiros no seu túmulo.

## Bram Stoker

A questão levantada no início da passagem anteriormente citada será resolvida alguns anos mais tarde por Bram Stoker, em *Drácula*. A admiração pelos vampiros explica o nascimento desse romance em que o saber vampirológico é, por assim dizer, teorizado. Stoker cria o personagem do doutor Abraham van Helsing, o vampirólogo, inspirando-se no professor Armin Vambéry da Universidade de Budapeste, orientalista renomado que o autor encontrará em Londres, em 1890. Van Helsing ensina a seus amigos tudo o que é preciso saber sobre os vampiros e esse discurso é realmente fundador do mito moderno. Veja-o e julgue:

> O vampiro vive sem que o tempo o leve pouco a pouco à morte: ele prospera tanto tempo quanto possa nutrir-se do sangue dos vivos; pudemos constatar que ele rejuvenesce, que se torna mais forte e parece refazer-se quando encontra seu alimento preferido em quantidade suficiente. Mas ele precisa desse regime; ele não se alimenta como os outros homens. Nosso amigo Jonathan, que residiu em casa dele durante semanas inteiras, jamais o viu tomar uma refeição, jamais! E seu corpo não projeta nenhuma sombra; sua imagem não se reflete no espelho, isso também Jonathan notou. Por outro lado, ele dispõe de uma força extraordinária, como Jonathan, de novo, constatou quando o conde fechou a porta sobre os lobos e ajudou nosso amigo a descer do carro. Ele pode transformar-se em lobo como se viu na chegada do barco a Whitby, quando atacou e despedaçou um cão; ou em morcego ... Ele pode aproximar-se de alguém, envolto numa bruma que ele mesmo suscita ... O vampiro aparece como grãos de poeira sobre os raios do luar ... Ele pode tornar-se tão minúsculo e fino que, lembrem-se, Miss Lucy, antes de conhecer a paz eterna, deslizou por uma fenda do tamanho de um fio de cabelo que existia na porta do seu túmulo. Porque lhe é dada, quando encontra seu caminho, a faculdade de sair de qualquer lugar, entrar em qualquer lugar e enxergar no escuro, o que não é um poder desprezível num mundo meio privado de luz. Mas, aqui, acompanhem-me bem! Ele é capaz de tudo isso, sim, entretanto não é livre. Ele é prisioneiro, mais que um homem condenado às galés, mais que um louco fechado em sua cela. Ir para onde quiser lhe é proibido. Ele, que não é um ser conforme à natureza, deve, contudo, obedecer a algumas de suas leis – não sabemos por quê. Nem todas as portas lhe são abertas: é preciso an-

tes pedir que ele entre; só então ele pode vir quando quiser. Seu poder cessa, como aliás o de todas as forças malignas, aos primeiros clarões da aurora. Ele goza de certa liberdade, mas em momentos precisos. Se não está no lugar em que queria estar, só pode ir para lá ao meio-dia, ou ao nascer, ou ao pôr do sol ... Assim, o vampiro pode, às vezes, realizar sua própria vontade, contanto que respeite as limitações que lhe são impostas e se confine ao seu território: seu caixão, seu inferno, ou ainda num lugar não bendito, por exemplo, a tumba do suicida no cemitério de Whitby; e ainda assim só pode deslocar-se em momentos bem precisos. Dizem também que ele só pode transpor águas vivas na maré alta ou quando o mar está parado. Depois, há coisas que lhe tiram todo o poder, como o alho, já sabemos; e como esse símbolo, minha pequena cruz de ouro, diante da qual ele recua com respeito e foge. Há outros ainda, e é preciso conhecê-los, para o caso de precisarmos usá-los no decorrer de nossas pesquisas: um galho de roseira selvagem, colocado sobre seu caixão, o impede de sair; uma bala benta disparada contra seu caixão o mataria, e ele se tornaria, então, um morto de verdade. Quanto à estaca que se enfia em seu coração, sabemos que ela lhe proporciona também o repouso eterno, repouso que ele igualmente conhecerá se lhe cortarmos a cabeça.[5]

Quando doutor van Helsing, denominado por alguns de "James Bond vitoriano", ataca Lucy, que, mordida por Drácula, se transforma em vampiro após morrer – uma das grandes "explicações" do vampirismo –, ele esclarece suas intenções aos amigos: "Vou cortar-lhe a cabeça e encher sua boca de alho, depois fincarei uma estaca no corpo".

Stoker introduz um novo detalhe no mito, o alho, cuja popularidade foi imensa. Os pesquisadores afirmaram erroneamente que esse filactério tinha uma longa história acompanhando a dos vampiros, baseando-se num fragmento de Titínio

---

5 STOKER, Bram. *Dracula*. Trad. L. Molitor, intr. A. Faivre. Paris, 1991 (Collection Marabout, 12). p.339-41. Todas as nossas citações são extraídas dessa edição.

(século II a.C.), em que se diz que é necessário pendurar alho no pescoço das crianças para protegê-las da "estrige negra e fedorenta". Denominado "a mandrágora do pobre" na Idade Média, o alho é antes de tudo eficaz contra os sortilégios. Como todas as plantas que possuem forte odor, põe em fuga os demônios que, como sabemos, se infiltram nos cadáveres para animá-los. É esta última crença que foi determinante para a recuperação do alho no combate aos fantasmas: tornou-se aquilo que afasta os fantasmas e, na Romênia, colocavam-se dentes de alho no caixão, na boca, no nariz e nas orelhas do morto a fim de que ele não se transformasse em fantasma (*strigoï*). Dizer que as crenças têm vida difícil é um truísmo se lembrarmos um artigo publicado em 10 de janeiro de 1973, num jornal alemão, o *Süddeutsche Zeitung*:

> Demetrius Myiciura, polonês de 56 anos que vivia em Londres, tinha um medo aterrador de vampiros e morreu por esse motivo. A perícia médica constatou que Myiciura sufocou-se com um dente de alho que tinha conservado na boca durante a noite. Grandes quantidades de alho, sal e pimenta encontradas no seu quarto serviam para protegê-lo dos vampiros.

Abraham van Helsing sabe também que um pequeno orifício no túmulo, por menor que seja, permite que o vampiro saia, então ele procede assim:

> Primeiro, ele pegou na sua bolsa uma matéria que parecia um biscoito bem fino, uma espécie de hóstia, e que estava cuidadosamente embrulhada num guardanapo branco; depois, dois punhados de uma substância esbranquiçada – massa, dir-se-ia. Esmigalhou o biscoito e, misturando-o com a massa entre as mãos, tornou tudo uma única massa. Em seguida, cortou esta em tiras finas, que enrolou para colocar uma após a outra nos interstícios ao redor da porta do túmulo.

Quando Lucy volta de suas perambulações noturnas, vê-se confrontada com Van Helsing e os amigos dele e, então, procura voltar para seu túmulo:

> Mas quando ela estava a um ou dois passos da porta, deteve-se, pois uma força irresistível a impedia de ir adiante. Ela se voltou para nós, com o rosto perfeitamente iluminado pelos raios da lua e pela luz da lanterna que Van Helsing segurava agora com mão firme ... Assim, então, durante certamente meio minuto e que nos pareceu uma eternidade, ela permaneceu ali, entre a cruz que Van Helsing conservava sempre erguida e seu túmulo, com a hóstia que lhe impedia a entrada ... Van Helsing pousou a lanterna no chão; depois, indo até a porta do túmulo, começou a retirar os pedaços do Sinal sagrado que tinha colocado aqui e ali. Então, quando ele se afastou, nós vimos, surpresos, aterrorizados, aquela mulher, cujo corpo era tão tangível quanto o nosso, passar através de um interstício onde seria difícil introduzir a lâmina de uma faca.

Na Idade Média, apresentaram outra explicação. No fim do século XII, Guillaume de Newbury, ao relatar os malfeitos de um fantasma de Melrose, indica que este, uma vez ferido com um golpe de machado,

> soltou um grito plangente e ruidoso e, virando-se, foi embora mais lentamente do que veio, enquanto o monge estupefato se precipitava atrás do fujão e o empurrava para a frente, para que ele voltasse para o próprio túmulo. Este se abriu para seu hóspede, puxando-o diante de seu perseguidor, e fechou-se com a mesma facilidade.[6]

Observemos que essa explicação é única no seu gênero e que, de hábito, os sepulcros não são dotados de semelhante propriedade.

---

6 *Historia rerum Anglicarum* V, 24. Edição de R. Howletts. In: *Chronicles of the reigns of Stephen, Henry II and Richard I* . t. 1, Londres, 1884.

## Alexis Tolstoi

Entre os fundadores do mito moderno, deve-se igualmente citar o conde Alexis Tolstoi (1817-1875). Em *A família do vurdalak*, ele retrata a transformação de uma família em vampiros. Tudo começa quando Gorcha, o pai, parte com outros camponeses em perseguição a um bandido turco. "Esperem-me durante dez dias", diz ele a seus filhos, "e, se eu não voltar no décimo, mandem rezar por mim uma missa de defunto, porque então estarei morto. Mas se", acrescentou o velho Gorcha, assumindo seu ar mais sério,

> – Deus os guarde! – eu voltar depois de passados dez dias, para salvação de vocês, não me deixem entrar. Ordeno-lhes, neste caso, que esqueçam que eu era seu pai e me atravessem com uma estaca de madeira, seja o que for que eu diga ou faça, porque então serei um maldito *vurdalak* que viria sugar o seu sangue.

Sua vontade não é respeitada e ele ataca seu neto e o mata, e eis como nasce uma linhagem de vampiros:

> O menino volta um dia, chorando na porta, dizendo que sentia frio e queria entrar. A tola de sua mãe, embora ela própria o houvesse enterrado, não teve coragem de mandá-lo de volta para o cemitério e abriu-lhe a porta. Então ele se lançou sobre ela e sugou-a até a morte. Enterrada, por sua vez, ela voltou para sugar o sangue de seu segundo filho e, depois, o do marido e o de seu cunhado. Todos foram sugados.

Tolstoi semeia o texto de índices que são os constituintes do mito do vampiro: quando o monstro se aproxima de alguém, este fica paralisado; outros autores falam de um grande langor, e tudo se passa como se esses monstros possuíssem um poder hipnótico; evita-se chamar pelo nome a pessoa suspeita de vampirismo ou designá-la de maneira indireta, porque isso seria evocá-la do túmulo; o vampirismo é contagioso; os vampiros não suportam as relíquias sagradas, como medalhas, cruzes etc.

## Do vampiro à *vamp*

Sheridan Le Fanu com Carmilla, Bram Stoker com Lucy e Théophile Gautier com Clarimonde, vampiro de *A morta amorosa*,[7] para citar apenas alguns escritores, criaram o personagem da mulher vampiro que, *cum grano salis*, originará a *vamp* moderna, que o *Shorter English Dictionary* define assim: "Uma mulher que se esforça para encantar ou cativar os homens (frequentemente por razões desonestas ou discutíveis) utilizando sua atração sexual sem escrúpulos". As mulheres vampiros são sedutoras irresistíveis e morrer sob seus beijos é um prazer – pensamos no filme de Roger Vadim, *E morrer de prazer* (1960) –, aterrorizante ambiguidade que contribuiu para o sucesso dos romances que as põem em cena. De uma fria crueldade, exigindo abandono total e volúpia, elas se deleitam com a dor e a lenta agonia da vítima. Carmilla mata lentamente Laura, contrariamente a suas outras vítimas, e os sentimentos que ela deixa transparecer são confusos.[8] Lucy muda realmente de figura:

> Depois seus olhos pousaram em nós um após o outro. Eram os olhos de Lucy quanto à forma e à cor; mas os olhos de Lucy impuros e brilhando com um fogo infernal no lugar daquelas doces e cândidas pupilas que todos tínhamos amado tanto ... Enquanto ela continuava a nos olhar com seus olhos flamejantes e perversos, seu rosto irradiou-se com um sorriso voluptuoso.

---

[7] Texto editado em: *Histoires de morts vivants*. Paris, 1977, p.67-104. Ver TERRAMORSI, B. Une Cure d'amour: *La Morte amoureuse* de Th. Gautier. *Boletim da SFLGC*, n.13, p.75-100, 1992.

[8] Cf. SIGNOROTTI, Elizabeth. Repossessing the body. Transgressive desire in *Carmilla and Dracula*. *Criticism*, n.38, p.67-632, 1996.

E ela avança para Arthur, seu marido, e diz num tom langoroso, enquanto mantém gestos repletos de graça e volúpia: "Venha comigo, Arthur!". Não se pode resistir à atração da mulher vampiro, mesmo quando, como na narrativa de Tolstoi, sabemos que se deve tratar de uma morta: "A força com a qual enlaçava meus braços em torno de Sdenka fez entrar em meu peito uma das pontas da cruz que vocês acabam de ver", declara monsieur d'Urfé.

Eu observava Sdenka e vi que seus traços, embora ainda belos, estavam contraídos pela morte, que seus olhos não enxergavam e seu sorriso era uma convulsão, impressa pela agonia sobre o rosto de um cadáver. Ao mesmo tempo, senti no quarto um odor nauseabundo que, de ordinário, é espalhado pelas sepulturas mal fechadas. A terrível verdade surgiu diante de mim com toda sua feiura.

É de extrema justiça que o herói da história escape do abraço de Sdenka, agora vampiro, enquanto Gorcha espera atrás da janela apoiado sobre uma estaca ensanguentada. Sheridan Le Fanu acentua o caráter erótico e confuso de Carmilla, que declara a Laura: "Você é minha, será minha e estaremos juntas para sempre" ... "Querida", murmura ela, "vivo em você, e você morrerá em mim, eu a amo tanto". Sua vítima é presa de sentimentos mesclados:

Eu estava, como ela dizia, "atraída por ela", mas sentia ao mesmo tempo uma espécie de repulsa em relação a ela. Nesse sentimento ambíguo, entretanto, a atração predominava em muito. Minha amiga me interessava e me seduzia: ela era bela e dotada de um encanto indescritível.

Quando Théophile Gautier conta como Clarimonde vem procurar Romuald após falecer, este declara: "Tinha esquecido totalmente os avisos do abade Sérapion e o caráter de que eu estava revestido" – Romuald é padre. "Tinha caído, sem resistência, ao primeiro assalto. Nem sequer tentei repelir o tentador; o frescor da pele de Clarimonde penetrava na minha, e eu sentia arrepios voluptuosos correndo pelo meu corpo". A sedução da mulher vampiro é tal que quem se apaixona por ela está pronto a perder sua existência para que ela viva: "Eu mesmo teria aberto os braços e lhe diria: 'Beba! E que meu amor se infiltre no seu corpo com meu sangue!'", exclama Romuald. Mas em Théophile Gautier a mulher predomina sobre o vampiro, contrariamente à Lucy, de Bram Stoker.

Essa perturbação voluptuosa se instala nas narrativas como uma constante e Ponson du Terrail faz uma vítima dizer:

> Ele via, ele ouvia o vampiro que respirava por sacolejos. Ele o sentia deitado sobre si, aspirando seu sangue com uma rude voracidade e, situação estranha!, apesar do terror e da dor que sentia, experimentava uma espécie de volúpia indefinível, um acerbo prazer nesse atroz contato.[9]

## A imaginação e a crença

Graças aos autores citados anteriormente, os elementos constitutivos do mito foram mencionados pouco a pouco. O tema central do sugador de sangue se enriquece de temas fantásticos, a ação se desenvolve quase sempre em regiões afastadas da Europa central ou oriental e as designações dos vampiros são palavras estranhas e envoltas em mistério – *upyre, vurdalak* –, que examinaremos mais adiante.

Em 1981, Paul Wilson renova o gênero com *The Keep*, traduzido em francês sob o título *La forteresse noire*[10] [*A fortaleza negra*]. A história conta como uma tropa de soldados alemães é

---

9 PONSON DU TERRAIL, P. A. La Baronne trépassée, *Le Moniteur du Soir*, 25.3.1852-29.5.1852.
10 WILSON, F. Paul. *La forteresse noire*. Trad. J. Guiod. Paris, 1982.

encarregada de ocupar uma antiga fortaleza valáquia dominando o desfiladeiro de Dinu, mas os ocupantes encontram uma morte horrível uns após os outros. Um erudito romeno, o professor Cuza, consegue estabelecer comunicação com o vampiro que revela ser o visconde Radu Molasar, que vivia no século XV. E Cuza lhe pergunta: "Você é um morto-vivo?", ao que o outro responde: "Um morto-vivo? Um nosferatu? Um *moroiu*? Talvez". Ora, o interesse dessa narrativa muito bem conduzida é voltar às fontes, então Radu Molasar é indiferente a todos os meios defensivos habitualmente postos em ação: a cruz e o alho não têm efeito.

Contudo, vamos resumir! Os criadores do mito moderno não partiram do nada. Toda a sua arte consistiu em reunir informações preexistentes e em torná-las uma narrativa fantástica. Foi menos simples do que poderíamos crer, porque era preciso apresentar respostas lógicas, que respondessem pelo menos à lógica do mito, suscetíveis de obter adesão ou de lançar confusão entre os racionalistas mais convictos. Era preciso criar o horror que, segundo J. Kristeva, é "aquilo que perturba uma identidade, um sistema, uma ordem. Aquilo que não respeita os limites, os lugares, as regras, o meio-termo, o ambíguo, o misto".[11]

Criatura paradoxal, o vampiro prolonga sua vida tomando a das outras criaturas. É uma verdadeira maldição, e os vampiros temem a morte. Veja Clarimonde: sua saúde se degrada, ela empalidece a olhos vistos e torna-se cada vez mais fria, até o momento em que suga o sangue de um ferimento bem profundo que Romuald faz em si mesmo cortando uma fruta. "Ela precipitou-se sobre meu ferimento e começou a sugá-lo com um ar de indizível volúpia", e, logo em seguida, ela exclama: "Eu não morrerei! Eu não morrerei! ... Minha vida está na sua e tudo o que é meu vem de você. Algumas gotas de seu rico e nobre san-

---

11 J. KRITEVA, *Pouvoirs de l'horreur*, Paris, 1980, p.12.

gue, mais precioso e mais eficaz que todos os elixires do mundo, me devolveram a existência".

No mito moderno, o amor ocupa um lugar privilegiado, e tal fato se compreende se pensarmos nas palavras que Aragon, em *Le Crève-coeur*, põe na boca de um morto:

> Nous errons à travers des demeures vides
> Sans chaînes, sans draps blancs, sans plaintes, sans idées
> Spectres du plein midi, revenants du plein jour
> Fantômes d'une vie où l'on parlait d'amour..."

> ["Perambulamos através de moradas vazias
> Sem correntes, sem lençóis brancos, sem lamentos, sem ideias
> Espectros do pleno meio-dia, espíritos da plena luz
> Fantasmas de uma vida em que se falava de amor..."]

Era necessário, portanto, explicar por que os vampiros não se decompõem, por que eles voltam, eles que transgridem todas as regras da natureza e põem em xeque as noções de vida e morte. Era necessário saber de onde eles vêm e, se a resposta comum é "do túmulo", Théophile Gautier deu provas de mais imaginação; Clarimonde nos instrui sobre esse ponto:

> Mas eu venho de muito longe, de um lugar de onde ninguém ainda voltou; não há sol nem lua no país de onde venho; só há espaço e sombra; nem caminho, nem atalho; sem terra para os pés, sem ar para as asas; e, no entanto, aqui estou, porque o amor é mais forte que a morte e acabará por vencê-la. Ah, quantos rostos sombrios e coisas terríveis vi na minha viagem! Quanta dificuldade teve minha alma, que voltou a este mundo pelo poder da vontade, para reencontrar seu corpo e reinstalar-se nele! Quantos esforços precisei fazer antes de levantar a lápide com a qual me cobriram!

Eternidade dos mitos! Essas palavras lembram as de um fantasma que, por volta de 1130, vem pedir os sufrágios de sua família para ser redimido: "Ai de mim", dizia a voz, "porque, vindo de regiões longínquas e por tantos perigos, padeci a tempestade, as neves e o frio! Em quantos fogos queimei e quantas intempéries suportei vindo aqui!".[12] Em ambos os casos, a alma empreendeu uma viagem impossível e aterrorizante.

Era necessário explicar a força sobrenatural dos vampiros, sua faculdade de atravessar paredes, seu gosto pelo sangue. Era importante descobrir os meios de repelir o horror desses mortos-vivos na província dos sonhos, tranquilizar depois de aterrorizar. Reunindo os elementos esparsos acumulados pelos pesquisadores e eruditos dos tempos antigos, Polidori, Sheridan Le Fanu, Tolstoi e Gautier responderam à maioria das perguntas, mas não todas. E a atração das narrativas reside em grande parte nas zonas de sombra que eles deixaram. Para demonstrar o mito, isto é, para reencontrar as peças e os fragmentos tão bem organizados, precisamos empreender um mergulho nos tempos antigos e aprender a conhecer as crenças de nossos antepassados distantes para os quais os fantasmas foram uma realidade múltipla. Só então poderemos apreciar tudo aquilo que o mito moderno veicula como arquétipos, que, tomados separadamente, ainda não desapareceram sob os golpes da ciência e da razão.

## A contribuição dos enciclopedistas

A literatura não foi o único vetor de transmissão do mito dos vampiros,[13] e é preciso também considerar as sínteses pro-

---

12 Texto completo em LECOUTEUX, C., MARCQ, P. *Les esprits et les morts*. Paris, 1990, p.113 et seq.
13 Cf. LECOUTEUX, C. Zur vermittlung mittelalterlichen Denkens und Wissens: Die Glossare und Lexika als paraliterarischer Weg, *Chloe*, n.16, p.19-35, 1993.

postas pelos dicionários e enciclopédias para quem desejasse informar-se. No seu *Dicionário filosófico*, Voltaire consagra uma longa exposição aos vampiros, muito crítica e repleta de ironia mordaz, da qual extraímos a seguinte passagem:

> Esses vampiros eram mortos que saíam à noite de seus cemitérios, para vir sugar o sangue dos vivos, seja na garganta, seja no ventre, e depois disso voltavam para suas sepulturas. Os vivos sugados emagreciam, empalideciam, caíam em consumpção; os mortos sugadores engordavam, ganhavam tonalidades avermelhadas...[14]

Voltaire ataca Dom Calmet, "o historiógrafo dos vampiros", passa em revista os autores que tratam do assunto e os acusa de ter propagado essa "superstição". A nota voltairiana é em parte falsa, em parte incompleta. Reduzir o tempo de atividade dos vampiros às horas noturnas é errado; dizer que eles sugam o sangue no ventre, também. Quanto às lacunas do artigo, nós as descobriremos à medida que nossa investigação for progredindo. Collin de Plancy retoma o essencial da obra de Dom Calmet no seu *Dicionário infernal* e contribui assim para difundir e propagar a crença.[15]

Ainda por volta de 1900, o *Dictionnaire encyclopédique* fornece uma informação sucinta, mas muito precisa:

> Os vampiros desempenham um papel importante na superstição de alguns povos da Europa central e setentrional: alemães, húngaros, russos etc. Sob esse nome, designam-se mortos que saem de seu túmulo, de preferência à noite, para atormentar os vivos, geralmente lhes sugando o pescoço, outras vezes lhes apertando a garganta a ponto de sufocá-los. Era aos vampiros que anti-

---

14 VOLTAIRE. *Dictonnaire philosophique*. In: _____. *Oeuvres complètes*, t.37-43. Kehi, 1785. verbete "vampire".
15 COLIN DE PLANCY. *Dictionnaire infernal*. Paris, 1863. Reed. Genève, 1980, p.676-83.

gamente se atribuía um grande número de mortes misteriosas, e eles figuram em numerosas lendas. Os gregos modernos os designam pelo nome de *brucolaques*.[16]

O autor dessa apresentação sabe que o vampiro não é unicamente um sugador de sangue, mas também um estrangulador; ao contrário de Voltaire, ele parece admitir que a "superstição" vem da Grécia e não menciona nenhum meio de livrar-se deles. Uma exploração sistemática desse tipo de obra certamente revelaria muito sobre a evolução da crença nos vampiros, mas seria fastidiosa aqui e nos contentaremos com esses dois exemplos.

Exploremos, agora, o pano de fundo mental da crença nos vampiros, que permite compreender melhor como se elaborou o mito moderno.

---

16 *Nouveau Larousse Illustré*. Dictionnaire universel encyclopédique. Ed. C. Augé, 8 vol. Paris., s.d., t.7, col. 1216 a.

# 2
# O homem, a vida, a morte

> "Sua mandíbula cadavérica estava toda
> imunda por pedaços de carniça retalhada;
> e todo seu horrendo ser parecia coberto
> e preenchido por sangue humano!"
>
> John Stagg, *The vampyre* (1810)

Desde que existe, o homem tem se atormentado por grandes questionamentos sobre sua origem, seu futuro e fim. Ele apresentou algumas respostas que se encontram em toda parte, sejam quais forem os povos e as épocas, e se evoluíram em aparência por causa dos progressos da ciência, ainda estruturam nosso pensamento e encontraram uma expressão particular nas religiões. A espantosa unanimidade das reflexões, para além de todas as variantes, prova que o problema da vida e da morte é realmente fundamental, o que não é nada espantoso já que, em função das respostas apresentadas, o homem pode conhecer o desespero ou a esperança, encontrar um sentido para sua existência ou conhecer o absurdo.

Quando se aborda o problema sob o ângulo dos mortos malfeitores, vê-se desde logo que se baseia na noção de destino. De fato, desde a Antiguidade clássica os eruditos proclamam que todo homem tem uma duração de vida preestabelecida ao nascer, que é, em média, de setenta a oitenta anos. O salmista declara com ênfase: "O tempo de nossos anos é setenta, oitenta se houver vigor" (Salmos 90,10), e Censorinus (por volta de 238) nos explica que os romanos tinham dividido a vida em dez hebdômadas, o que nos dá a mesma duração.[1] Toda interrupção antecipada pode ter consequências nefastas e perigosas, não apenas para o próprio indivíduo, mas também para os outros homens. É preciso, então, viver a vida até o fim, cumprir seu destino, respeitar o tempo concedido pelos deuses, senão o além-túmulo nos recusa e não há "transpasse", no sentido etimológico do termo, ou seja, passagem para o outro lado. Para o outro lado de uma fronteira invisível que tende a separar os defuntos dos vivos, a encerrá-los num universo muitas vezes semelhante ao nosso, com moradas e países, mundo de sombras e envolto em penumbra, aterrorizante, neutro ou feliz, mundo colocado sobre uma montanha ou dentro dela, sobre uma ilha para além do oceano, debaixo da terra ou num local indeterminado. Conforme as civilizações, esse além recebe nomes diferentes – Sheol, Hades, Tártaro, Infernos –; é bipartido ou tripartido, compreende frequentemente um paraíso e um inferno, mais tarde um purgatório. Mas pode ser também a tumba, o túmulo, retiro temporário do defunto. Essas concepções coexistem e aqui as crenças populares se opõem em parte às mitologias e às religiões.

A morte remete para aquilo que se costuma chamar ritos de passagem, e Arnold van Gennep distinguiu aqui três momentos: os ritos de separação – a retirada do corpo e a partida para o

---

[1] CENSORINUS. *De die natali*. Ed. e trad. G. Rocca-Serra. Paris, 1980.

cemitério –, os ritos marginais, como a vigília, e os ritos de agregação, como a ceia funerária, por exemplo.[2] Se uma dessas etapas não for cumprida como se deve, a morte é má, e o defunto, perigoso para todos.

## A morte má

Há, portanto, um primeiro princípio, um verdadeiro teorema: toda pessoa que não tenha vivido até o termo prescrito não transpassa, permanece bloqueada entre este mundo e o além. Essa concepção torna, então, os suicidas[3] – pessoas cuja vida foi cortada pelo ferro, pela corda, pela água, pelo fogo, em suma, os mortos prematuros (*immaturi, aori*) –, a maioria dos fantasmas. Acrescentam-se a estes os indivíduos cuja vida foi inquietante para a comunidade, ou seja, todos aqueles que podemos chamar "feiticeiros", homens de má índole, aqueles que apresentam um traço físico particular, uma marca de nascença,[4] os que vieram ao mundo em certas datas ou a certas horas, os que nasceram empelicados ou os que tiveram dupla dentição, os que exerceram determinada profissão – o ferreiro e o lenhador são temidos, os pastores são suspeitos –, na verdade, todos aqueles que não se dissolvem na massa de seus contemporâneos, os marginais, os sacrílegos, os ciumentos, os que foram maltratados em vida e sentem vontade de se vingar, aqueles cuja morte foi estranha ou cuja inumação não ocorreu segundo os ritos; os que ficaram sem sepultura (*insepulti*);[5] os que foram enterrados sem os sacramentos ou num lugar que não lhes convinha, ou, ainda, ao

---

2 VAN GENNEP, A. *Les Rites de Passage*. Paris, 1981, p.14.
3 Cf. SCHMIDTT, J. Le Suicide au Moyen Âge, *Annales ESC* n.31, p.3-38, 1976.
4 Cf. BELMONT, N. *Les Signes de la naissance*. Paris, 1971.
5 Cf. LECOUTEUX, C. *Fantômes et Revenants au Moyen Âge*. Paris, 1986.

lado de um vizinho odiado, aqueles cujas vestes funerárias ou mortalha foram inadequadas. Há, ainda, aqueles que deixaram uma tarefa inacabada, filhos pequenos, uma promessa não cumprida, um voto não respeitado e até aqueles que foram pranteados demais: as lágrimas encharcam a mortalha e eles não podem repousar em paz. Todos esses indivíduos não se agregam à comunidade dos mortos e se juntam, às vezes, àquelas hordas que formam a Caça infernal.[6] Monsenhor Pierre-Daniel Huet, bispo de Abranches morto em 1721, observa que os gregos diziam

> que aqueles que, após uma vida má, morreram em pecado, aparecem em diversos lugares com o mesmo rosto que tinham em vida; que frequentemente provocam desordens entre os vivos, golpeando alguns, matando outros ... Eles acreditam que esses corpos são abandonados ao poder do demônio, que os conserva, os anima e se serve deles para incomodar os homens.[7]

Vemos imediatamente que tudo isso forma uma multidão! É imperioso garantir aos defuntos tudo o que for necessário à sua vida após a morte: casa tumular, animais, alimentos, objetos familiares e rituais; nas civilizações arcaicas, os mortos eram enterrados com seus escravos, sua mulher e suas concubinas. Veja aqui um exemplo do perigo que existe em morrer em estado de pecado mortal:

> Um usurário foi um dia enterrado num mosteiro. De noite, ele deixava seu túmulo uivando e trovejando, descobria o edifício, atormentava os monges, batia neles com um bastão e, de manhã, encontravam-no num campo diante da cidade. Depois de enterrado novamente várias vezes, um santo homem o conjurou a revelar por que ele não deixava os monges em paz, e ele respondeu: "Estou perdido e não encontrarei repouso porque afligi os pobres

---

6 Cf. LECOUTEUX, C. *Chasses fantastiques et Cohortes de la nuit au Moyen Âge*. Paris, 1999.
7 Citado por Collin de Plancy, *Dictionnaire infernal*, Paris, 1863, p.346.

dia e noite pela minha usura. Em contrapartida, vocês, monges, poderão encontrar o repouso se jogarem meu cadáver para fora do mosteiro". Fizeram isso e ele não importunou mais ninguém.

Os únicos defuntos não muito temidos são os que tiveram uma vida em conformidade com os códigos morais e comportamentais da sociedade em que viveram. O modo de vida tem, portanto, uma imensa importância porque o transpasse depende dele. É preciso, então, distinguir entre a morte má, evocada anteriormente, e a boa morte, aquela que se chama "um favor dos deuses", aquela que é proclamada na *Ladainha dos santos*: *Libera nos a subitanea et improvisa morte*!

## A boa morte

A boa morte é aquela que coroa uma vida boa e bela, é uma realização e um ápice que alguém prepara ao longo de sua existência, como dizia o poeta Rainer Maria Rilke. Dela depende o destino póstumo porque os defuntos formam uma comunidade próxima à dos vivos. É aquela morte que se teve o tempo de prever[8] e preparar com o auxílio daqueles opúsculos cristãos intitulados *A arte de bem morrer* (*Ars moriendi*), espalhados por toda parte desde o século XV. A Bíblia já nos diz: "Mesmo se morrer antes da idade, o justo encontrará o repouso" (Sabedoria 4,7). É a morte "normal", aquela que corresponde às normas da matéria, fixadas por determinada sociedade. Encontramos numerosos vestígios dela nos romances medievais. O mago Merlin declara ao rei Uther Pendragon:

> Pense bem que todas as honrarias que os homens podem adquirir neste mundo são menos úteis do que uma boa morte. E se você ganhou todos os bens deste mundo e tiver uma morte má,

---
8 Cf. VOVELLE, M. *La Mort et l'Occident de 1300 à nos jours*. Paris, 1983.

corre o risco de perder tudo, ao passo que se fez muito mal durante a vida e tiver uma boa morte, tudo isso lhe será perdoado.[9]

A boa morte é uma libertação, já que nos permite deixar este vale de lágrimas e aceder à verdadeira vida, com a condição, dizem aqueles livretos, de ter colocado todos os assuntos em ordem, os espirituais e os temporais. Aquele que se arrependeu, confessou e recebeu o viático, restituiu os bens mal adquiridos e reparou os danos causados, esse se transformará em bom ancestral ao termo dos rituais funerários obrigatórios, alcançará a sociedade dos mortos que prolonga a dos vivos e se tornará húmus nutriente. Inúmeras histórias medievais de fantasmas relatam o retorno de um morto que pede à sua família ou a seus amigos que façam a reparação em seu lugar. Por exemplo, Guy de Moras implora a Etienne para que este peça a Anselmo, seu irmão, que indenize todos aqueles a quem ele possa ter causado prejuízo, mas Anselmo retruca:

> Que me importa a alma de meu irmão? Ele desfrutou seus bens enquanto viveu. Por que ele mesmo não reparou as injustiças que cometeu? É problema dele! Quanto a mim, não quero fazer penitência por seus pecados.[10]

O morto que fez testamento e escolheu para si uma sepultura, que renunciou às vaidades deste mundo e a seus bens, esse terá uma boa morte porque, e isso é o mais importante, terá conseguido desatar os entraves que o prendem a este mundo. Em Théophile Gautier, Clarimonde retorna impelida pelo amor que sente por Romuald, é por causa dele que ela não "transpassa" de verdade. Em Sheridan Le Fanu, é a impossibilidade de renunciar ao mundo que impele Carmilla a prolongar sua existên-

---

9 BRIEL, H. de. *Le roman de Merlin l'Enchanteur*. Paris, 1971. p.99.
10 CLUNY, Pierre de. *De miraculis* I, 23. Ed. D. Bouthillier. Turnhout, 1988 (CC. *Continuatio medievalis*, 83).

cia matando. Não houve renúncia à vida terrena e, quando não é o joguete de um destino maléfico, o vampiro é um insatisfeito que recusa aquela lei comum que empurra todos para o túmulo. "A morte não surpreende o sábio: ele está sempre pronto para partir", diz Jean de La Fontaine. A boa morte é também morrer nos braços dos seus, depois repousar ao lado de seus antepassados, confrades ou amigos,[11] num lugar escolhido do cemitério, junto ao cruzeiro, por exemplo. Em 1077, Simon de Crépy-en-Valois justifica numa carta o transporte do corpo de seu pai: "Mandei colocá-lo, à maneira dos antigos (*more antiquorum*), ao lado do sepulcro de minha mãe, sua esposa, e de nossos ancestrais (*predecessorum nostrum*)".[12] Não há nada pior do que ser enterrado "em terra selvagem", "em terra má" ou "nos campos", porque a sepultura em "terra bendita" nem sempre é concedida.[13] É preciso lembrar que o túmulo dos vampiros é, às vezes, bem dissimulado; o de Carmilla, por exemplo, encontra-se numa capela em ruínas, e para poder mudar de campo de ação, passar dos Cárpatos para Londres, Drácula é obrigado a levar a terra do seu túmulo. Ser enterrado nos campos torna o defunto um morto desconhecido, estrangeiro, e o expõe a servir aos feiticeiros para seus malefícios. Na Rússia, o necromante abria o túmulo desses mortos e uma prescrição lhe recomendava: "Antes de recitar a conjuração, é preciso ... retirar a prancha superior [do caixão], ajeitar a mortalha e passar em seguida três vezes uma agulha de um lado a outro",[14] a referida agulha servi-

---

11 As locuções que se repetem são *in tumulo parentum suum*, ou *suorum predecessorum, sub stillicidio, ad sanctos*.
12 Cf. LAUWERS, M. Le Sépulcre des pères et les ancêtres. Note sur le culte des défunts à l'âge seigneurial, *Médiévales*, n. 31, p.67-78, 1996.
13 Sobre esse ponto, cf F. Potonnier, Après la mort, constat d'archives. In: ALEXANDRE-BIDON, D., TREFFORT, C., *A réveiller les morts. La mort au quotidien dans l'Occident médiéval*. Lyon, 1993. p.157-65.
14 Cf. RYBAKOV. *Le Paganisme des anciens Slaves*. Trad. L. Gruel-Appert. Paris, 1994. p.152.

rá em seguida para os malefícios e será o suporte material do encantamento.

A boa morte, para terminar, é aquela acompanhada de ritos consagrados, desde a toalete funerária até o retorno do jardim de pedras, a que foi seguida de vigília, de lamentações, de gestos – como aqueles, atestados ainda recentemente, de cobrir os espelhos, parar os relógios, anunciar o falecimento aos animais domésticos, retirar uma telha do teto para permitir que a alma levante voo etc. –, de orações e de uma refeição acompanhada de donativos aos pobres. Obrigatórios, os rituais devem ser seguidos ao pé da letra, senão teremos tudo a temer do morto: ele voltará para exigir o que lhe é devido.

É preciso saber que, segundo antigas crenças, a alma permanece perto do corpo durante certo número de dias; a psicostasia, o julgamento da alma, em geral só ocorre quarenta dias após a morte. O tempo que separa a morte do funeral é particularmente perigoso porque o defunto ainda está dotado de uma forma de vida, o que foi bem retomado por Théophile Gautier. Quando Romuald encontra Clarimonde morta e estirada sobre a cama, ele a vela e nos conta:

> Sentindo aproximar-se o momento da separação eterna, não pude recusar-me a esta triste e suprema doçura de depor um beijo sobre os lábios mortos daquela que tinha sido todo o meu amor. Oh, prodígio! Um leve sopro se misturou ao meu sopro, e a boca de Clarimonde respondeu à pressão da minha: seus olhos se abriram e retomaram um pouco de brilho, ela deu um suspiro e, descruzando os braços, passou-os em torno de meu pescoço com um ar de inefável arrebatamento.

Inúmeros testemunhos que abrangem a Idade Média e os tempos modernos mencionam estranhas manifestações *post mortem*, mortos que falam, que se levantam, querem sair, mudam de posição, agarram um objeto, prova, se necessário fosse, de que aquilo que os cristãos chamam "alma" ainda não se afastou do corpo.[15]

Se um animal saltar por cima do corpo, se um pássaro o sobrevoar, se a chuva cair sobre ele, se as pessoas que carregam o corpo se virarem para trás (Bulgária), ele correrá o risco de voltar e de tornar-se um vampiro. Na Sérvia, acreditava-se que se o morto fosse enterrado onde caíra uma estrela cadente, ele atrairia para si os vivos. Por meio desses poucos exemplos que poderíamos multiplicar, o leitor perceberá que a boa morte não é fácil e, sobretudo, não é concedida a todos, como se pode constatar pela distinção que nossos ancestrais faziam entre mortos puros e mortos impuros.

## Mortos puros e mortos impuros

A Rússia nos deixou importantes testemunhos sobre a distinção entre os defuntos feita por nossos ancestrais. Nesse país, há duas categorias de mortos, os puros (*cistyj*), que passam diretamente para o mundo dos antepassados, e os impuros (*necistyj*), que transgridem constantemente a fronteira entre este mundo e o além. A diferença repousa na crença de que sucumbir à velhice equivale a morrer de uma bela morte (*svoja smert'*), ao passo que aqueles que não viveram todo o seu tempo conhecem a morte má (*ne svoja smert'*) e não podem entrar no outro mundo. Os homens vítimas de morte má – suicidas e assassinados – que não viveram o tempo concedido (*vek*) e aos quais o destino (*dolja*) não forneceu o quinhão requerido de força vital exigem constantemente dos vivos que preencham essa lacuna. A terra os recusa: na Idade Média, eles eram jogados em lugares impuros (pântanos ou ravinas) e recobertos de ramagens para que os animais não os dilacerassem. Entre os eslavos do sul, as

---
15 Cf. LECOUTEUX, C. *Fantômes et Revenants au Moyen Âge*, op. cit., p.65-9.

pessoas que morriam por caírem de um balanço eram consideradas impuras e mandavam enterrá-las sem celebrar o ofício divino. Na Bulgária, os mortos solteiros pertencem ainda hoje à categoria dos defuntos impuros e o outro mundo os recusa porque, não sendo casados, não se realizaram; por essa razão, foram instaurados rituais de casamento póstumo com um vivo, uma pedra ou uma árvore, o que se encontra praticamente em todo o mundo eslavo.[16]

Na Dalmácia, observa-se uma curiosa distribuição: os vampiros são divididos em duas categorias, a dos inocentes, chamada Denac, e a dos culpados, chamada Orko, termo do qual se originou "ogre" em francês ["ogro", em português]. O Orko é um pecador e dispomos de todo um repertório de pecados que têm por consequência transformar alguém em vampiro: trabalhar aos domingos, fumar num dia consagrado, ter relações sexuais com a avó etc.

Desde a Idade Média, os excomungados fazem parte desses mortos impuros em todas as partes em que a Igreja católica e a ortodoxa estendem sua autoridade. O pregador Gotschalk Hollen (1400-1481) nos dá um bom exemplo disso no seu sexagésimo segundo sermão:

> Quando eu trabalhava em Siena, na Itália, vi o corpo exumado de uma mulher que tinha ficado enterrada 62 anos e cujos membros estavam ainda intactos, assim como a cabeleira. Ela foi encostada verticalmente à parede e toda a cidade se reuniu para vê-la. No meio da noite, o sacristão quis dirigir-se à igreja para acender a lâmpada das matinas. Quando saiu, esse corpo o seguiu e gritou--lhe que não podia desfazer-se em pó porque tinha sido enterrado como excomungado. "Vá até o núncio apostólico a fim de que ele faça o favor de retirar a excomunhão, então meu corpo se dissolverá." O sacristão obedeceu. A mulher foi reintegrada no seio da

---

16 Cf. VINAGRADOVA. *Les Croyances...*, op. cit., p.248 et seq.

Igreja e seu corpo, aspergido de água benta, desfez-se em pó imediatamente.[17]

À mesma categoria de mortos pertencem os feiticeiros, e os testemunhos são inúmeros. Assim, em 1738, o franciscano Franciscus Solanus Monschmidt levanta a seguinte questão:

> O que devemos fazer com esses feiticeiros defuntos que em vida fizeram um pacto expresso com o diabo (*cum daemone fecerunt in vita expressum pactum*), para ressuscitar após a morte, para atrair os cadáveres dos cristãos e até das crianças inocentes enterradas perto deles no cemitério, para perambular, inquietar terrivelmente os homens e persegui-los?

Monschmidt reprova a maneira como procedem os carrascos e os coveiros e recomenda que se prefiram os exorcismos.[18]

Lembremos que, em março de 1755, a imperatriz Maria Teresa proibiu a execução de cadáveres na Áustria-Hungria, o que não impediu que, até época recente, as pessoas recorressem aos meios conhecidos da decapitação e da mutilação dos corpos exumados. A soberana promulgou essa lei após o relatório que lhe fizeram Johannes Gasser e Christian Vabst, médicos da corte, sobre o caso de Rosina Polakin, cujo cadáver foi exumado em Hermersdorf, em 1755, porque era suspeita de vampirismo. A família da falecida foi obrigada a içar o corpo do túmulo por meio de um gancho amarrado a uma corda e tirá-lo do cemitério por um buraco aberto especialmente no muro; depois o decapitaram e incineraram.[19]

Se os mortos impuros forem enterrados, a terra impedirá que se decomponham – veremos muitos desses exemplos –, e

---

17 Citado por J. Klapper. Die schlesischen Geschichten..., op. cit., p.68 et seq.
18 MONSCHMIDT, F.S. *Ministerium exorcistitum*. Oppau, 1738. p.72.
19 Cf. KLANICZAY, G. Decline of witches and rise of vampires in 18th century Habsburg monarchy. *Ethnologia Europea*, n.17, p.165-80, 1987.

eles serão condenados a vagar sobre a terra vingando-se dos humanos. Então, para impedir que o feiticeiro que acabara de morrer voltasse para importunar os vivos, amarravam-lhe os pés com uma corda feita de tília de sorveira. Para deter os cadáveres delinquentes, cortavam-lhes os tendões e as veias do joelho "a fim de que não pudessem levantar-se", depois lhes fincavam uma estaca de faia em pleno peito, atravessando-lhes o coração.

Tomemos alguns exemplos "recentes". Em 1901, em Lichtenau, perto de Iena, descobrem o corpo de um andarilho e o depositam no hangar dos bombeiros; na manhã seguinte, encontram-no amarrado, e alguns jovens camponeses declaram ter agido assim para fazê-lo perder o gosto pela vida errante. Em 1931, morre uma mulher idosa no cantão de Putzig, na Prússia. Sete mortes seguidas atingem, então, sua família e declaram que a falecida não encontra repouso e atrai seus parentes para o túmulo. Sentindo-se doente, um dos filhos da falecida segue o conselho que lhe dão: desenterra o corpo, decapita-o e coloca a cabeça ao pé do cadáver; e, que maravilha, declara pouco depois que se sente muito melhor! Quanto aos pecadores, a putrefação não realiza seu trabalho enquanto eles não recebem a absolvição, mas se desmancham instantaneamente em pó no momento em que a obtêm por intermédio de seus parentes.

Notemos de passagem que até mesmo os animais se transformam em fantasmas já que também possuem uma alma, segundo dizem, que permanece na terra seis semanas após a morte; se o animal está insatisfeito, ele pode voltar para perturbar os vivos. Por outro lado, permanece a dúvida em relação a esse animal, porque pode ser a encarnação de um defunto. Bram Stoker não inventou as formas animais dos vampiros, apenas se inspirou nas crenças existentes.

O cenário está montado! Sabemos agora que uma ameaça paira permanentemente sobre os vivos, que temem os defuntos com justa razão e esperam proteger-se deles multiplicando as medidas destinadas a fazê-los compreender que são respeitados e não são esquecidos, mas que devem também tomar consciência de que estão mortos e não têm mais seu lugar na terra, que devem acostumar-se ao seu novo estado e deixar os vivos se dedicar às suas ocupações. As dádivas funerárias, a gestualidade fúnebre e os rituais de comemoração dão testemunho disso e visam fazer com que o *de cujus*, ou seja, o defunto, fique satisfeito com sua sorte, que não tenha motivo para se queixar e não sinta rancor nem desejo de vingança. Resta precisar qual representação o homem de antigamente fazia da vida dos mortos e, claro, como é que um fantasma tinha por vocação tornar-se mais precisamente um vampiro.

# 3
# A vida dos mortos

"Não morrerei por inteiro."

Horácio

Pode parecer surpreendente falar, hoje, da vida dos mortos. Para alguns trata-se de uma inépcia, para outros, um mito, e para os espíritas, uma realidade que teve seu momento de glória no século XIX, quando Conan Doyle viu surgir o fantasma de seu filho e Victor Hugo teve a revelação do além em Guernesey, na noite de 31 de março de 1856. Há, ainda, aqueles que pensam ser um mistério a desvendar, e os que tentam fazê-lo reuniram-se em sociedades e publicaram livros com títulos evocativos, como *A vida depois da vida*. Bernard Werber tratou essas explorações da morte em tom humorístico em *Les thanatonautes* [*Os tanatonautas*] (1994). Nos tempos antigos, ninguém duvidava de que os mortos continuassem a viver no seu túmulo ou no além-túmulo; essa ideia ainda estava disseminada na Europa do século XVII e até hoje no País de Gales.[1] Testemunhos das mais diversas origens nos dão provas disso.

## O ensinamento dos memoriais

No fim do século XII, Gautier Map nos relata duas provas particularmente marcantes no seu *De nugis curialium:*

> Um cavaleiro da Bretanha perdeu sua mulher e pranteou-a durante muito tempo após sua morte, até que uma noite a avistou num vale afastado, no meio de uma grande reunião de mulheres. Ele ficou espantado e apavorado, julgando que aquela que ele havia enterrado tinha voltado à vida; não confiou nos próprios olhos e se perguntou se não estava sendo um joguete do destino. Tomou a decisão de arrebatá-la a fim de recobrar a alegria com sua esposa reencontrada, se aquilo que ele via era realidade e se não estava sendo ludibriado por um fantasma, para não se acusar de pusilanimidade abstendo-se de agir. Então, ele a raptou e encheu-se de alegria, vivendo com ela vários anos de muita felicidade, no mundo como era outrora. Ela lhe deu alguns filhos cuja descendência hoje é grande e que são chamados de filhos da morta. Isso seria uma anomalia incrível e prodigiosa por parte da natureza, se não existissem vestígios seguros da verdade (II, 13).

O acontecimento tocou de tal modo Gautier Map, que ele volta ao assunto mais adiante, resumindo o texto e trazendo detalhes suplementares:

> Dizem que um cavaleiro enterrou sua esposa realmente morta e que a reencontrou e a raptou do meio de uma roda de dançarinos; em seguida, teve com ela filhos e netos, cuja linhagem existe ainda nos dias de hoje (IV, 8).

---

1 CAPDECOMME, M. *La vie des morts:* enquête sur les fantômes d'hier et d'aujourd'hui. Paris, 1997.

Que uma morta perambule e dance já é espantoso, mas que possa retomar a vida comum e procriar é realmente estarrecedor. Então, diante de uma "realidade" inexplicável, Gautier Map sai-se com um artifício clássico: "É preciso aceitar as obras de Deus na sua totalidade ... Suas obras ultrapassam nossas perguntas e escapam a nossas discussões". Vamos reter o motivo da dança que reencontraremos em outras partes.

É sobre esse tipo de testemunho que o pensamento mítico apresentou uma explicação simples baseada em concepções anteriores ao cristianismo. Essas pessoas que julgamos mortas e que enterramos são, na verdade, vítimas de elfos, seres misteriosos designados que arrebatam a pessoa do mundo e substituem o corpo dela por um simulacro. Em meados do século XIII, Thomas de Cantimpré faz eco a essa explicação; ele não fala de elfos, mas de uma pessoa indeterminada:

> Em Brabante, na aldeia bem conhecida de Guverthen, um rapaz que desejava desposar uma jovem pediu a mão dela aos pais, mas foi rejeitado. Entretanto, a jovem foi tomada de uma forte febre, depois agonizou e foi considerada morta. Choraram por ela, tocaram os sinos para avisar a todos que orassem pelo repouso de sua alma. Quando o rapaz se dirigia dessa aldeia para outra aldeia ao lusco-fusco, ouviu no caminho a voz de uma mulher que se lamentava. Ele procurou com diligência, foi para um lado e para outro, finalmente encontrou aquela jovem e perguntou-lhe o que fazia ali enquanto seus amigos choravam sua morte. Ela respondeu: "Veja este homem diante de mim, ele me conduz!". A resposta o surpreendeu, tanto mais que ele não via ninguém. Com coragem e ousadia, ele se encarregou, então, da jovem e a escondeu numa casa fora da aldeia.[2]

Ele conseguiu arrancar do pai a autorização para desposá-la caso pudesse trazê-la de volta e demonstrou a todos que o corpo

---
2 CANTIMPRÉ, T. de. *Bonum universale de apibus* II. 57, 20. Douai. 1627.

que estavam velando não era o da pseudomorta: "O rapaz levantou, então, o lençol de linho que cobria o cadáver e todos viram um corpo composto de matérias tais como nunca se viram iguais". E Thomas lembra que "aqueles que foram testemunhas desses simulacros de corpos humanos feitos pelos demônios dizem que a matéria parecia madeira podre recoberta de pele macia". Para o nosso clérigo, trata-se de uma ilusão diabólica, explicação que, na sua época, tinha todas as chances de ser aceita. Na verdade, não é válida, senão ele teria tido o trabalho de dizer de imediato que um diabo invisível tinha levado a jovem.

Graças a uma tradição em Yorkshire que Walter Scott transcreve em *História da demonologia e da feitiçaria*,[3] temos a explicação popular e mítica de fatos semelhantes:

> Em North-Berwick morreu a esposa de um tecelão ao dar à luz seu quarto filho. O recém-nascido viveu, mas a mãe, morta em convulsões, estava tão desfigurada que as comadres da vizinhança pensaram que, em consequência de alguma negligência daqueles que deveriam velar junto à mulher enferma, as fadas a tinham raptado e colocado aquele cadáver em seu lugar.

Quando o tecelão pensa em tornar a casar-se, sua primeira esposa lhe aparece vestida de branco, à semelhança de um fantasma, e lhe comunica que está cativa "de bons vizinhos" – eufemismo para designar comumente os anões e os elfos – e como ele poderá libertá-la. Ai dele! O tecelão não ousou lançar-se nessa empresa e, seguindo os conselhos do seu pastor, tornou a casar-se. A mulher desaparecida continuou prisioneira de Elfland, nome do país daqueles seres sobrenaturais, raptores de mortais. Essa crença se encontra também na Dinamarca, em memoriais, mas Elfland neste caso é Elleøj, "a colina dos elfos".

---

3 SCOTT, W. *Histoire de la démonologie et de la sorcellerie*. Gèneve, Paris, 1980. p.136-9.

Até aqui, tomamos conhecimento do tema do rapto para o outro mundo, visão mítica do fato de que os mortos continuam a viver. Somos levados, agora, para a realidade das crenças. Jacques Fournier, diretor da inquisição em Pamiers (Ariège), de 1318 a 1325, já consigna os interrogatórios dos cátaros heréticos no seu *Registro*, verdadeira mina de ouro no que diz respeito às crenças populares sobre a morte. Emmanuel Le Roy Ladurie resume assim os dados:

> Os mortos sentem frio. Eles vão se esquentar, à noite, nas casas em que encontram grande reserva de lenha. Eles acendem uma fogueira noturna na lareira com as brasas que os vivos tinham coberto antes de irem para a cama. Os mortos não comem, mas bebem vinho, e do melhor.[4]

Na verdade, se considerarmos o conjunto do nosso *corpus*, os defuntos têm muitas das atividades dos vivos; eles assistem a serviços religiosos rezados por padres falecidos, dançam nos cemitérios, continuam a amar seus parentes e a odiar seus inimigos, defendem seus bens e estrangulam os profanadores de seu sepulcro ou lhes furam os olhos,[5] eles vão e vêm, dão notícias de si por intermediários especializados – feiticeiros locais ou de fora –, e até retomam sua atividade profissional, como aquele padeiro bretão que volta após a morte para amassar o pão e encorajar o trabalho de sua mulher e seus ajudantes, antes que a comunidade, que ele perturba, ponha um termo a essas deambulações:

> Foram ao sepulcro onde ele estava enterrado, e quando o desenterraram, encontraram o corpo coberto de lama até os joelhos e as coxas, tal como o tinham visto andar pela rua. E, como ele tinha amassado [o pão], viram que tinha os braços cobertos de massa.

---

4 *Montaillou, village occitan*. Paris, 1975. p.595.
5 Cf. KLAPPER, J. *Erzählungen des Mittelalters*. Breslau, 1914. reed. Hildesheim & New York, 1978, p.89 (furar os olhos) p.153 et seq. (estrangular).

Tendo constatado isso, encheram a cova, mas logo depois ele apareceu como fazia antes e causou muitos danos e contrariedades às pessoas. No fim, decidiram dirigir-se mais uma vez ao túmulo e quebrar-lhe as pernas. Assim foi feito, e depois ele nunca mais foi visto.[6]

## O retorno dos defuntos

Contrariamente a uma ideia aceita, os marginais – que vimos no capítulo 2 – não são os únicos a transformar-se em medonhos fantasmas que semeiam o terror.

Em Varsóvia, diz Dom Calmet, um padre, tendo encomendado ao seleiro uma rédea para seu cavalo, morreu antes que a rédea ficasse pronta; e como ele era um daqueles que são chamados vampiros na Polônia, saiu do túmulo vestido com a roupa com que são enterrados os eclesiásticos, pegou seu cavalo na estrebaria, montou e foi, às vistas de toda a Varsóvia, até a oficina do seleiro, onde de início encontrou apenas a mulher, que ficou aterrorizada. Esta chamou o marido, que veio, e quando o padre lhe pediu a rédea, respondeu: "Mas o senhor está morto, padre". Então, o outro respondeu: "Vou mostrar-lhe que não", e ao mesmo tempo, golpeou-o de tal modo que o pobre seleiro morreu algum tempo depois; e o padre voltou ao seu túmulo.[7]

Em 1736, Tharsander nota o seguinte:

Na Silésia, mais precisamente no povoado de Hozeploz, dizem que os mortos voltam com muita frequência depois da morte, comem e bebem com os membros da família e até têm relações sexuais com suas esposas. Quando algum viajante atravessa o povoa-

---

6 Bibliothèque nationale, *manuscrito francês 15219*.
7 CALMET. *Dissertation sur les revenants en corps*... Grenoble, 1986. p.96 et seq.

do no momento em que eles deixam o túmulo, os mortos o perseguem e pulam nas suas costas.[8]

Em suma, os defuntos nem sempre conseguem romper os laços que os unem à sua vida anterior; seus familiares sabem disso muito bem e, até o século XIX, quase em toda a Europa, em certas datas, deixavam comida sobre a mesa e uma luz acesa, sabendo que os antepassados mortos visitariam sua antiga casa, viriam aquecer-se na lareira, razão pela qual se tomava a precaução de inverter o tripé da lareira a fim de que eles não se queimassem. Os testemunhos helvéticos recolhidos por Josef Müller no século XX são particularmente reveladores dessa crença.[9]

Entre os eslavos do sul, notadamente na Polésia (Rutênia Negra), o espírito-amante (*dux-ljubovnik*)[10] é, muitas vezes, um morto que assume a forma de um vampiro ou de uma serpente voadora. Inúmeros relatos narram como um marido falecido visita sua mulher à noite; a mãe da mulher ouve a filha cochichar, abraçar e beijar alguém à noite; ela espia: é mesmo seu genro falecido, só que ele tem cascos em vez de pés.[11] Na Sérvia, o vampiro pode visitar sua mulher à noite, sem lhe ser prejudicial; tem relações sexuais com ela e uma criança pode nascer, mas esta não terá ossos nem viverá muito tempo: a crença é atestada desde o século XVIII. Os motivos típicos que servem de esboço a essas narrativas são os seguintes: uma mulher jovem perdeu seu marido; os vizinhos reparam que ela recebe a visita de uma serpente de fogo à noite, ou, então, os pais a ouvem falar com alguém no quarto; ela começa a empalidecer, a emagrecer e definhar; o falecido esposo lhe traz presentes que se transformam

---

8 THARSANDER. *Schauplatz vieler ungereimter Meynynungen und Erzehlungen*. Berlin,1736,t.l.peça VIII.
9 MÜLLER, J. *Sagen aus Uri*. Bâle, 1929-1945. n.997-998.1059 et seq. 3v.
10 Outros nomes: *zmej ljubovnik* ; *letun; letajusij zmej*.
11 Cf. VINAGRADOVA, L. N. Les Croyances slaves concernant l'esprit--amant. *Cahiers slaves*, n.1, p.237-54, 1997.

em estrume de carneiro ou de cavalo; os pais tomam medidas para expulsar o demônio.

Na Polônia, o *latawiec* seduz as mulheres com seu olhar penetrante; elas definham e morrem rapidamente. Entre os búlgaros, o motivo do casamento entre uma moça e uma serpente é uma metáfora constante da morte, e algumas *bylinas* russas afirmam que a serpente-amante suga o sangue daquela que escolheu. Na Romênia, o espírito-amante é chamado *zburator*; em geral assemelha-se a um rapaz alto e esbelto e possui muitos traços de vampiro. Esse demônio se insinua à noite nas casas, pela chaminé, e se junta àqueles que se consomem de amor. Os vestígios desses amores noturnos – marcas de beliscões, de beijos etc., exatamente iguais às que deixam os vampiros – são visíveis no dia seguinte; a pessoa assim torturada cai doente, mergulha na melancolia ou na loucura e falece.

Os defuntos tampouco gostam de ser substituídos e, desde o século XIII, demonstram um ciúme terrível, formulando proibições e ameaças de morte, a crer no que diz Gervais de Tilbury (cerca de 1155-1234), que relata como Guillaume de Mostiers apareceu à sua viúva e lhe extorquiu a promessa de não se casar de novo; muitos anos mais tarde, ela é obrigada a casar-se e, após a cerimônia nupcial, seu falecido esposo surge: "Imediatamente, sob as vistas daquele público solene, o morto, erguendo o morteiro, rachou o crânio da mulher: todos viram o morteiro levantado, mas ninguém pôde saber por quem ele era erguido.[12] Esse *fait divers* revela, entre outras coisas, que um morto pode agir – do que ninguém outrora duvidava – e que ele é corpóreo: um fantasma não poderia manejar um morteiro!

Outras narrativas nos mostram muito bem que certas medidas evocadas pelo doutor Van Helsing para aniquilar definitivamente conde Drácula são, na verdade, ineficazes nos tempos antigos. Veja-se um certo Henri le Noeud, falecido no arcebis-

---

12 TILBURY, G. de. *Otia imperialia* III, 99.

pado de Trêves, no século XIII: malfeitor, ladrão, adúltero, perjuro e incestuoso, ele volta para assombrar a casa de sua filha, mas "nem o sinal da cruz, nem a espada podem afugentá-lo. Aplicaram-lhe muitos golpes de espada, mas ele era invulnerável". Somente água benta despejada sobre o prego da Santa Cruz, com a qual se aspergiram a casa, a jovem e o próprio Henri, pôs fim às aparições. Notemos que o morto tinha consistência, já que "quando o golpeavam, produzia-se o mesmo ruído de quando se bate sobre um leito macio".[13] Essa consistência é chamada "carne fantástica" no século XV.

As tradições populares posteriores à Idade Média sabem que os defuntos formam uma comunidade. Eles têm sua própria taberna, chamada *Nobiskrug*, acima do Reno, onde gastam o dinheiro que os vivos colocaram no seu túmulo ou em sua boca ao enterrá-los: eles assistem à sua própria missa e azar de quem os surpreenda! Possuímos um punhado de testemunhos, e o mais antigo deles deve-se a Grégoire de Tours. Entre 1063 e 1072, Pierre Damien conta que uma mulher bem viva assistiu a um desses serviços religiosos e encontrou aí sua comadre falecida, que lhe anunciou que ela só teria mais um ano de vida e que deveria corrigir-se. No século XII, o monge Gunnlaug Leifsson relata que uma mulher idosa que entrou numa igreja, numa hora indevida, foi assaltada pelos mortos que aí estavam enterrados e, em 1516, outra mulher encontrou na igreja uma amiga falecida que a avisou para que deixasse o local antes da consagração e fugisse sem olhar para trás, senão perderia a vida. Ela seguiu esse conselho, mas os mortos se lançaram em sua perseguição, agarraram o casaco que ela tirara e, na manhã seguinte, ela avistou em cada túmulo um fragmento de sua roupa que foi despedaçada.[14] Não perturbe os mortos, é perigoso porque raramente

---

13 Heisterbach, C. de *Dialogus miraculorum atque magnum visionum* XII.,15. Ed J. Stange. Bonn, Köln, Bruxelles, 1851.
14 LECOUTEUX, M. *Les Esprits et les Morts*, op. cit., p.131.

eles são benevolentes, essa é a lição de um grande número de textos! Se examinarmos os testemunhos com uma lupa, somos surpreendidos por uma contradição: por que esses cristãos falecidos, e até mesmo bons cristãos praticantes, atacam seus correligionários que vêm rezar? Será uma maneira de marcar seu território, de fazer compreender que ninguém deve se relacionar com eles? Ninguém sabe e, para retomar a grande escapatória medieval, "os caminhos do Senhor são impenetráveis"!

O *corpus* mais importante é aquele que nos fala do amor que não se extingue com a morte. Ele compreende essencialmente baladas e poemas de grande beleza, como *Lenora*, de Bürger, do qual Bram Stoker retoma um verso quando escreve: "Os mortos andam depressa".[15] Nos *Cantos akríticos gregos*,[16] uma mãe exige de seu filho falecido que lhe traga de volta sua filha Eudócia que se casou longe dali: "A maldição de sua mãe fez Constantin sair do túmulo, a pedra sepulcral transformou-se em cavalo, a terra, em sela, seus belos cabelos loiros, em rédeas, e a minhoca, em Constantin".[17] Ele reencontra a irmã, coloca-a na garupa, mas ao longo de todo o caminho os pássaros cantam: "Oh Deus todo-poderoso, vós realizais grandes prodígios, [fazeis] que os vivos andem com os mortos!". Eudócia inquieta-se e interroga o irmão: "Tenho medo de ti, meu irmão, tu cheiras a incenso ... Onde estão teus loiros cabelos: Onde está teu espesso bigode?". A cada vez, Constantin encontra uma explicação, que esconde o fato de que está morto. Eudócia chega à casa da mãe, fica sabendo que Constantin tinha sido morto: "Mãe e filha se abraçaram estreitamente e as duas expiraram ao mesmo tempo". O encontro com os defuntos é mortal.

---

15 "Die Toten reiten schnell" em BÜEGER. Este poeta inspirou-se numa lenda reproduzida por GRÄSSE, *Sagenbuch des preussischen Sta*ates, Glogau, 1871, t. 2. p.1046 et seq., 2v.; reed. Hildesheim, New York, 1977.
16 Assim chamados porque tratam da vida de Digénis Akritas.
17 Patrimoine littéraire européen. Ed. por J. J. Polet, t.4: *Le Moyen Âge, de l'Oural à l'Atlantique, littératures d'Europe orientale*, Bruxelles, 1993. p.289-92.

Muitas dessas crenças e práticas se encontram em narrativas mais ou menos lendárias. Uma jovem adivinhou que seu namorado era um fantasma: ela amarrou um novelo de linha na perna dele e constatou para qual túmulo voltava. Uma outra, convidada por um fantasma para visitá-lo em seu túmulo, desvencilhou-se pedindo-lhe que entrasse primeiro e fugiu para casa enquanto ele lhe obedecia. Um fantasma atraiu uma jovem ao cemitério onde ela o viu devorar a mão de um defunto e beber o sangue dele; uma outra foi salva por seu pai, que enfiou seu forcado no fantasma; outra escapou graças a um novelo de linho, mas outra dormiu na taberna com um fantasma e a encontraram decapitada. Um morto veio à casa de sua mulher, casada de novo em data recente, mordeu-a e matou seu marido. Um velho casal tornou-se fantasma: ela aparecia sob a forma de uma mosca matando aqueles em cujo rosto pousava, e ele sob a forma de um cão, matou os próprios filhos e sugou-lhes o sangue. Um dia, três *redivivos,* como se dizia antigamente julgando que o defunto revivia, passaram nas casas e recolheram o sangue dos habitantes numa jarra. Quando um fantasma entra numa residência, ele faz os moradores perderem a consciência tocando-os com a mão de um morto, aquilo que as superstições chamam "mão de glória".[18] Os fantasmas, sobretudo os assassinados e suicidas, perseguem as pessoas jovens. O marido aparece para a mulher enquanto ela não lhe tira as botas ou enquanto não lhe declara que vai ao casamento de seu irmão com sua irmã. Dizem que alguns fantasmas são benevolentes, mas apenas quando bem tratados.

Contos e cantos tratam dessa população das regiões do além, por exemplo: num caso, uma noiva morta devora aqueles que a velam até que um soldado lhe enfia uma lança no coração; tal ação lhe devolve a vida e ela se casa com o militar; em outro caso, sobre o túmulo de uma jovem destinada a um certo fantas-

---

18 Mão de um cadáver utilizada para todo tipo de malefícios.

ma, nasce uma flor; um príncipe a colhe e a coloca no chapéu; à noite, ela toma a forma da moça que ele desposou; mais adiante, um jovem se esconde no túmulo de um fantasma e o obriga a entregar-lhe um caldeirão repleto de dinheiro. A crença é recuperada, ganha um final feliz, e o terror é, então, banido e exorcizado.

## Cristianismo e tradições populares

Dois documentos do século XV também merecem ser citados porque, sob sua roupagem cristã, não conseguem dissimular a crença na vida dos mortos. O primeiro nos diz o seguinte:

> Na cidade de Siena, expirou o esposo de uma mulher jovem. Enterraram-no, mas, alguns dias depois, ele apareceu para a mulher quando estava sozinha no quarto. Ele a tranquilizou, conversaram, beijaram-se, e ela ficou com ele o dia inteiro. A mulher parecia não estar mais tão triste como na morte de seu cônjuge. Sua sogra admirou-se e, espiando dentro do quarto por um buraco, viu sua nora com o esposo. Espantada, mandou buscar um dominicano que trouxe uma hóstia sob o hábito. Imediatamente, viu-se fugir o diabo, que se tinha apossado do corpo e o tinha conservado tão fresco que parecia vivo, e o corpo se revelou putrefato e repleto de vermes. Mandaram abrir o túmulo em segredo, mas não se encontrou aí nenhum cadáver. Então enterraram secretamente o corpo fora da cidade.

A possessão do cadáver por um diabo ou demônio é a explicação canônica da Igreja medieval que, diante de fatos estarrecedores, interpretou-os em função de seu dogma.[19] Vemos também que o fantasma não é outro senão o homem enterrado: quando ele perambula a esmo, seu sepulcro está vazio.

---

19 Cf. LECOUTEUX, C. *Fantômes et Revenants au Moyen Âge*, op. cit.

O segundo testemunho é igualmente revelador e demonstra que os eclesiásticos geralmente permanecem desarmados diante de fenômenos de aparição:

> Um velho rabequista foi enterrado com seu instrumento. Após sua morte, o túmulo se abriu à meia-noite, ele saiu e começou a tocar uma música de dança. Das outras sepulturas emergiram homenzinhos e mulherzinhas que se juntaram a ele e começaram a dançar. Da torre, o vigia viu tudo, contou aos outros e, na noite seguinte, inúmeros curiosos se reuniram no cemitério. Os mortos se lançaram sobre os espectadores, alguns dos quais desmaiaram de tanto medo, enquanto outros perdiam a própria vida. O clero tentou em vão pôr fim a essas aparições que se renovavam. A dança dos mortos acabou quando, ao ouvirem o conselho de várias universidades, desenterraram os corpos suspeitos, enfiaram-lhes um espinho de ameixeira no coração e os decapitaram com uma enxada.[20]

É a partir de uma informação semelhante que Goethe redige, em 1813, uma balada intitulada *Dança macabra*, em que mistura uma lenda da Boêmia com uma lenda alemã. Um vigia avista, de noite, os mortos saírem dos túmulos, jogando neles suas camisas brancas e se entregando a uma sarabanda tratada de modo cômico: os esqueletos têm gestos de dementes, seus corpos estalam e tilintam... O vigia se apossa de uma das camisas, volta ao seu posto, mas quando a dança termina, o defunto que não encontra mais sua camisa começa a escalar a torre para retomá-la:

> O vigia empalidece, o vigia estremece;
> ele devolveria de bom grado a camisa.
> Mas eis que uma aresta de ferro – sua última hora chegou –
> a prende suspensa por uma ponta.
> Já empalidece e desaparece o clarão da lua,

---

[20] Grässe, 2.

O sino, com um ruído de trovão, fez ouvir uma batida violenta, e o esqueleto vem espatifar-se no chão.[21]

Pode-se comparar esse poema com o texto que consta no apêndice e que representa a "realidade" tal como os homens de outrora a viveram.

Ninguém pode duvidar de que a literatura tenha sido a criadora do mito segundo crenças consignadas em memoriais. Contrariamente ao que dizem a Bíblia (Sabedoria 2, 5) e a Igreja medieval,[22] a morte volta atrás e o selo que ela apôs não impede que os defuntos retornem; ela não é um sono sem sonho no fundo de uma prisão escura, os fantasmas nos dão testemunho disso.

## Como alguém se torna vampiro?

O vampiro pertence a uma família específica de fantasmas. Por que alguém se torna vampiro e não um simples fantasma? O que nos dizem a esse respeito as tradições populares e qual sua contribuição para o mito moderno?

O vampirismo é frequentemente apresentado pelos escritores como uma maldição, como a consequência de uma mordida; ou, então, permanece inexplicável, o que contribui para desestabilizar o leitor e criar uma ambiência fantástica. As crenças populares apresentaram muitas outras explicações, particularmente ricas na Europa oriental e meridional, verdadeiro conservatório de fantasmas, pouco a pouco considerado o berço desses monstros. Os momentos do falecimento são particularmente perigosos, dizem, porque é aí que a sorte do morto está às vezes em jogo. Julgue-se por este resumo:

---

21 GOETHE. *Ballades*. Ed. e trad. L. Mis. Paris, 1944. p.114-7.
22 A Bíblia evoca entretanto a necromancia (1Sm 28), que obriga o defunto a falar.

O cidadão Johannes Cuntze, residente em Bennisch, perto de Jägerndof, um homem estimado por todos, foi ferido por um cavalo e estava agonizante. Por causa de malfeitos não confessados, ele desesperava pela misericórdia divina. Seu filho que o velava à noite, depois de umas três horas, avistou um gato que abriu a janela e pulou sobre o rosto do moribundo, como se quisesse levá-lo, e depois se retirou. A morte sobreveio nesse instante. Silenciaram sobre o terrível fim de Cuntze e enterraram o corpo na igreja, perto do altar. Na hora da morte e durante o enterro caíram fortes chuvas. Três dias mais tarde, apareceu um fantasma que se assemelhava ao falecido, atormentando as pessoas na cama e os animais nos estábulos. Esse fenômeno se reproduziu: o fantasma saltava sobre as pessoas e as estrangulava de tal maneira que as marcas ficavam ainda visíveis por muito tempo, ele esmagava as mulheres em trabalho de parto e raptava seus filhos do berço. As pessoas do povo, por acreditar que existem buracos de rato nos túmulos dos feiticeiros, examinaram o túmulo de Cuntze e os descobriram: embora os tapassem, eles se abriam no dia seguinte. Até manchas de sangue apareceram sobre a toalha do altar. O fantasma sugava o leite das vacas. Acabaram por desenterrá-lo: o cadáver estava intacto, com uma nova pele recentemente formada; os olhos, ora abertos, ora fechados; a cabeça estava virada para o norte no primeiro dia e para o sul no segundo. Quando o benzeram, escorreu sangue fresco, embora o morto tivesse repousado na terra de 8 de fevereiro a 20 de agosto. Colocaram o corpo sobre uma fogueira, mas o carrasco teve que atiçá-la o dia inteiro para que o cadáver ficasse totalmente reduzido a cinzas, que foram jogadas no rio.[23]

Assim, a simples intervenção de um gato aparentemente maléfico ou diabólico bastou para fazer de Johannes Cuntze um vampiro; é curioso notar que, nas crenças romenas, esse animal não gosta de seus donos e deseja a morte deles para poder reinar sozinho na casa; quando um membro da família morre, expul-

---

23 *Schesisches Labyrinth*. Beslau & Leipzig, 1737. p.363-93; retomado por J. G. Th. Grässe, *Sagenbuch...*, op. cit., t.2, p.214.

sam o gato para evitar que ele coma o nariz do cadáver ou passe sob o caixão, o que transformaria o morto em fantasma. A efusão de sangue fresco e os movimentos dos olhos e da cabeça dão a prova de seu novo estado. Alguns detalhes merecem ser destacados: ser enterrado na igreja não impede nada; as manifestações do morto levam as pessoas a concluir que ele tinha sido um feiticeiro, o que se confirma pela sua sucção do leite das vacas; de fato, um dos nomes desses malfeitores, nos tempos antigos, é "ladrão de leite",[24] o morto se comporta, enfim, como um pesadelo. Notaremos que os habitantes de Bennisch dispõem de uma grade de leitura e de apreciação dos acontecimentos e conhecem as modalidades de eliminação desse flagelo. Na Bulgária, todo cadáver sobre o qual passa uma galinha ou um gato, ou então que não recebeu os santos óleos da extrema-unção, transforma-se em vampiro.

Na Romênia, a origem dos *strigoï* é explicada assim: são mortos sobre ou sob cujo cadáver passou um animal, ou, então, pessoas nascidas empelicadas e que engolem a própria membrana amniótica; neste último caso, a parteira deve afastá-la imediatamente e enterrá-la, ou, então, queimá-la e fazer o recém-nascido engolir as cinzas, ou, ainda, subir no telhado da casa e anunciar que um futuro fantasma acaba de nascer. Há aqueles que recomeçaram a mamar na mãe depois de ter sido desmamados,[25] ou que choraram ainda no ventre da mãe; são também filhos de feiticeira, filhos ilegítimos que a mãe mata ou expõe antes do batismo, filhos incestuosos, descendentes de feiticeiras e de assassinos, o sétimo filho de uma família, e até mesmo crianças substituídas e trocadas por filhos de demônios ou de outros personagens sobrenaturais. Eles nascem com uma cauda, sinal

---

24 Geralmente no feminino, *Milchdieberin* em alemão. Não esqueçamos que o *Alp* alemão suga os homens, os seios das mulheres e a teta das vacas; a *Drude* faz a mesma coisa.

25 Do outro lado do Reno, chamam-se *Doppelsauger*.

de sua predestinação vampírica, mas podem ser salvos se a cauda for cortada com uma moedinha. São também homens que, em vida, fizeram pacto com o diabo – o elo com a feitiçaria é extremamente frequente nas crenças populares.

Além desse grupo bem definido, encontramos os vampiros potenciais: homens ruivos, irmãos que vieram ao mundo no mesmo mês, indivíduos que eram lobisomens em vida, aos quais se juntam, certamente, os malfeitores, os perjuros e os enforcados, os que jamais comeram alho ou que possuem mau-olhado, os que foram destinados ao diabo, os que foram enterrados ao pôr do sol. Os cantos populares letões (*dainas*) nos oferecem aqui uma informação preciosa: se quisermos que os mortos cheguem ao além, devemos enterrá-los antes do meio-dia, hora que marca o início do declínio do sol e dá voz ao crepúsculo:

> Enterrem-me antes do meio-dia,
> Depois do meio-dia não me enterrem,
> Depois do meio-dia os Filhos de Deus
> Fecharam as portas do céu.[26]

Esses defuntos matam os próprios pais, entram na casa pela chaminé, torturam, desfiguram, estrangulam ou sufocam as pessoas. Devoram o coração dos animais e dos homens, sugam o sangue destes, exigem comida, bebida e roupa e pedem que sua voz não mude a fim de poder chamar cada um pelo nome. Além disso, têm a faculdade de se transformar em gatos, cães, porcos, cabras e em outros animais – com exceção de carneiros e bois –, em insetos, em chama, em luz ou em sombra. Entretanto, desaparecem ao primeiro canto do galo, quando ecoam as matracas.[27] Acredita-se que os animais selvagens e os maus espíritos são fantasmas. McNally e Florescu nos dizem:

---

26 JONVAL, M. *Les Chansons mythologiques lettones*. Paris, 1929. n.1163; cf. ainda n.1164 e 1170.
27 Essas matracas são utilizadas no ofício ortodoxo como sinal dirigido aos

Quem pode tornar-se vampiro? Na Transilvânia, os criminosos, os feiticeiros, os magos, os bastardos, os que nasceram com "touca" ou com dentes, os que não receberam o sacramento do batismo e os que foram excomungados, esses podem. O sétimo filho de um sétimo filho está condenado a tornar-se um deles.[28]

Em quase toda a Europa, e não apenas na Transilvânia, acredita-se que, se vários meninos nascem em seguida, o quinto ou o sétimo torna-se vampiro. No século XV, na Picardia, ele se transformava em assombração ou em lobisomem, o que nos prova mais uma vez como são estreitos os vínculos entre esses diferentes indivíduos. As pessoas que possuem dois corações e duas almas, os *dvoeduschniki* dos eslavos, são excelentes vampiros porque sua alma pode deixar o corpo por algum tempo – o que se chama "alma externa, *alter ego*"[29] – e prejudicar outras pessoas; esse tipo de vampiro escondeu sua "alma" sob uma pedra e não pode morrer enquanto ela se encontra aí. Entre os kachoubes, povo da Pomerânia, uma criança nascida de "touca", num sábado ou durante as festas de Natal, sofrerá essa maldição. Eis como, por volta de 1820, um jornal local sintetiza a informação sobre os vampiros:

> Na região kachoube, acontece que, às vezes, crianças nascem com uma touca membranosa, semelhante a um pequeno boné. Para evitar que essa criança se torne um vampiro após a morte, deve-se tirar-lhe essa pelica, deixá-la secar e conservá-la cuidadosamente. Antes de a mãe dirigir-se à igreja para o ritual de agradecimento e depositar sua oferenda, ela deve queimá-la, reduzir as cinzas a pó e fazer a criança ingeri-las misturadas com leite. Se isso não for feito e se a criança empelicada morrer antes de ter engolido

---

fiéis; no Ocidente medieval, eram usadas nos mosteiros, nas quintas-feiras e sextas-feiras santas; cf. *Ecclesiastica officia* 94, 2.
28 FLORESCU, N. *A la Recherche de Dracula*. Paris, 1973. p.160.
29 Cf. LECOUTEUX, C. *Fées, Sorciéres et Loups-Garous au Moyen Âge: histoire du double au Moyen Âge*. Paris, 1992. p.59-78.

sua touca dessa maneira, uma terrível desgraça virá em seguida. Depois de enterrada, ela se levanta do caixão, começa por devorar toda a carne das mãos e dos pés, inclusive sua mortalha, depois sai do sepulcro e devora os vivos. Primeiro, seus parentes próximos e distantes, depois, quando todos estiverem mortos, ela baterá o sino da igreja do povoado e todo mundo deverá morrer, adultos e crianças, tão longe quanto chegar o som do sino. Contra esses mastigadores só existe um meio: exumá-los e separar a cabeça do tronco com uma enxada.[30]

Dizem também, na Polônia, que o *strzygi* sobe à noite no campanário da igreja e que morrem todas as pessoas de sua idade que estão dentro de seu campo de visão. Descobre-se que um vampiro está agindo quando, na vizinhança, pessoas são subitamente acometidas de um mal desconhecido, definham, desfalecem e morrem rapidamente. Os "vampirólogos" que examinam esses doentes procedem como os médicos modernos e interrogam seus pacientes cujas declarações confirmam aquilo que imaginavam.

Em *Carmilla,* Le Fanu nos mostra a vítima do vampiro tomada por pesadelos e que depois sente

> diversos sintomas. Um deles, não desagradável, mas muito preciso, dizia ela, era semelhante a uma corrente de água gelada escorrendo entre seus seios. Mais tarde, ela sentia uma dor muito aguda semelhante à picada de duas grandes agulhas, um pouco abaixo da garganta. Algumas noites depois, essa dor foi seguida por uma sensação crescente de estrangulamento.

Outra vítima declara por sua vez:

> Às vezes, parecia-me que lábios quentes me beijavam e cada vez mais longa, mais amorosamente, à medida que se aproxima-

---

30 *Pommersche Provinzial – Blätter für Stadt und land*, 5 v., Treptow s/ Rega, 1820-23, t. 3, p.421 et seq.

vam de minha garganta, mas a carícia se fixava aí. Meu coração batia mais depressa, minha respiração se elevava, caía rapidamente e parava completamente. Um estertor se transformava numa sensação de estrangulamento para terminar numa terrível convulsão em que todos os sentidos me abandonavam e eu perdia a consciência.

Quando o "especialista" examina a garganta da paciente, descobre "uma marca azulada da dimensão do dedo mínimo". Não há mais dúvida possível: ela foi mordida por um vampiro. Todos sabem que essa mordida vai determinar, no mito moderno, a passagem para o estado de vampiro.

# 4
# Os precursores dos vampiros

> "Era o pesadelo da Morta-Viva
> Que espessa e gela o sangue do homem ...
> O terror em meu coração, como uma taça,
> Parecia beber em pequenos tragos o sangue de minha vida."
>
> Coleridge, *A canção do velho marinheiro*

Como dissemos, o personagem do vampiro constituiu-se a partir de elementos preexistentes, então é conveniente conhecê-los. Para uma adequada exposição, demos um nome a cada ser sobrenatural que legou um traço de sua característica ao vampiro e, para isso, inspiramo-nos seja em seus atos, seja nas denominações populares que eles apresentam em outros idiomas.

## O evocador

Se os vampiros provocam a morte dos vivos aspirando seu sangue, há ainda outras maneiras de matar que, de um modo ou de outro, dizem respeito à pré-história desses mortos nocivos.

A primeira, e uma das mais antigas, é aquela que podemos denominar evocação, termo técnico tomado à magia onde ele serve para designar a convocação de um ser sobrenatural: um defunto aparece em carne e osso – porque esses fantasmas são sempre corpóreos, como mostramos num estudo anterior[1] – e chama os vivos pelo nome, o que acarreta incontinente sua morte.

Gautier Map (entre 1135-1209), clérigo adido à chancelaria do rei Henrique II da Inglaterra, depois arcediago de Oxford, é o primeiro autor medieval a relatar o que vem a seguir e que ele considera um prodígio ocorrido entre 1149 e 1182, no País de Gales. O cavaleiro Guillaume Laudun foi encontrar Gilbert Foliot, bispo de Hereford, e disse-lhe:

> Senhor, apresento-me a ti para pedir conselho. Há pouco tempo, um certo gaulês malfeitor morreu de maneira estranha em meu povoado. Quatro dias depois de sua morte, ele voltou e, agora, volta todas as noites e não cessa de chamar seus concidadãos pelo nome, um depois do outro. Estes caem doentes e morrem três dias mais tarde, de tal modo que não sobra mais muita gente no povoado.[2]

Destaquemos alguns detalhes! O defunto não estava em odor de santidade e sua morte foi conforme à sua vida: malfeitor ele era, malfeitor permanece. Ele retorna para matar seus concidadãos, para isso basta nomeá-los. O bispo propõe uma explicação cristã – é um anjo caído que se infiltrou no cadáver, tema da possessão – e indica a providência a tomar, curiosa mescla de medidas pagãs antigas e cristãs: "Desenterre o cadáver, corte-lhe a cabeça com uma enxada, borrife-o com água benta assim como o túmulo e recoloque-o no lugar". Essas medidas não servem

---

1 Cf. LECOUTEUX, C. *Fantômes et Revenants au Moyen Âge*, op. cit.
2 MAP, G. *De nugis curialium* II, 27. Ed. M.R. James. Oxford, 1914 (*Anecdota Oxoniensa*, 14).

para nada porque o fantasma é particularmente teimoso, continua sua obra de morte e os habitantes se retiram do povoado.

Uma noite, quando quase ninguém mais permanecia no povoado, o morto chamou o nome de Guillaume três vezes. Como este último era um homem corajoso e pronto, sem se vestir ele se precipitou sobre sua espada e perseguiu o demônio em fuga até o túmulo dele. No momento em que este último penetrava no túmulo, ele lhe rachou a cabeça até o pescoço. A partir desse momento, o flagelo ambulante cessou de assediá-los e não causou mais nenhum mal.

Note-se de passagem uma contradição do texto: decapitar o cadáver não teve nenhum efeito, enquanto rachar-lhe a cabeça "matou-o" definitivamente! Esse detalhe revela que Gautier Map se inspirou numa narrativa "popular" que é insensível a esse tipo de inverossimilhança, a menos que se queira demonstrar que o poder da espada, portanto do senhor, é superior ao da cavadeira. Outra explicação é plausível: decapitar o morto é inútil se não se tomar a precaução de colocar a cabeça no túmulo aos pés do cadáver, de tal modo que ele não possa agarrá-la e recolocá-la no lugar. A arqueologia nos mostrou com efeito que esse tipo de mutilação era acompanhado de um afastamento da cabeça: depositavam-na aos pés do corpo.

Saltemos alguns séculos e vejamos o que nos relata Charles Ferdinand de Schertz por volta de 1706, no seu opúsculo intitulado *Magia posthuma*.[3] Tratando de fenômenos que chamaríamos hoje "paranormais", ele evoca "um pastor do povoado de Blow, perto da cidade de Cadan, na Boêmia, que apareceu durante algum tempo e que chamava certas pessoas, as quais não deixavam de morrer no oitavo dia". Em 1751, Dom Calmet cita uma obra de Léon Allatius que diz:

---

3 *Magia posthuma*. Olmütz, 1706.

Na ilha de Chio, os habitantes não respondem à primeira voz que os chama, com medo de que seja um espírito ou um fantasma; mas quando os chamam duas vezes, não é um *brucolaque*, nome que eles dão a esses espectros. Se alguém lhe responder ao primeiro chamado, o espectro desaparecerá, mas aquele que respondeu morrerá infalivelmente.[4]

Atualmente, o inglês *fetch* dá conta do fenômeno ilustrado anteriormente.[5] O vocábulo designa a aparição de uma pessoa viva ou moribunda,[6] ou, ainda, de um defunto, o que é sempre entendido como um aviso, uma premonição. O *fetch* é também compreendido como aquele que vem buscar a pessoa em agonia. Constatamos, entretanto, um leve desvio, já que, segundo a verossimilhança, o morto *fetch* auxilia a "passagem" do moribundo e possui, portanto, um caráter positivo que nos leva para longe dos vampiros.

## O batedor

Outra maneira de matar os vivos é bater à sua porta, ato que tem quase a mesma função que o chamado. Embora os testemunhos sejam raros, certamente porque houve confusão com a ação do *poltergeist*, são eloquentes e remontam a épocas distantes. Eis aqui um extraído da *Saga das pessoas do Flói*, redigida por volta de 1300 e cuja ação se desenrola no sudoeste da Islândia três séculos antes:

> O tempo estava bom no dia de Natal e os homens passaram todo o dia fora. No segundo dia, Thorgils e seus companheiros dei-

---

4 CALMET, D. *Dissertation sur les revenants en corps, les excomminiés, les oupires oui vampires...* Grenoble, 1986. p.139.
5 CAPDECOMME, M. *La Vie des morts. Enquête sur les fantômes d'hier et d'aujourd' hui*, op. cit.
6 Ele cruza aqui com a noção de *wraith* que designa o duplo do indivíduo, que foge quando a morte está iminente.

taram-se cedo; já tinham dormido quando Jostein e seus amigos entraram ruidosamente na cabana e foram para a cama. Mal se tinham estendido quando bateram à porta. Um dos companheiros de Jostein levantou-se de um salto exclamando: "Com certeza é uma boa notícia!" Ele saiu, foi acometido de loucura e morreu na manhã seguinte. O mesmo aconteceu na noite seguinte: um homem ficou louco e declarou que via precipitar-se sobre si o defunto da véspera.[7]

Outros textos escandinavos mostram um fantasma batendo no teto de uma casa para incitar os habitantes a sair, mas contrariamente ao que acabamos de ver, não houve outra morte porque o herói da história abate o importuno ao termo de um combate feroz. Portanto, só devem ser consideradas as batidas dadas numa porta. Devemos lembrar o que diz doutor Van Helsing no romance de Bram Stoker: o vampiro só pode entrar numa residência se for convidado!

Uma narrativa islandesa recolhida no século XIX conta como um diácono de Mirka, no Eyjafjördur, afoga-se ao atravessar um rio.[8] Ele é enterrado uma semana antes do Natal. Mas na véspera da Natividade do Senhor, Gudrun, sua esposa,

> ouviu bater à porta. Outra mulher, que estava com ela, foi à porta, mas não viu ninguém ali fora. Aliás, não estava nem claro nem escuro porque a lua ou aparecia ou estava coberta pelas nuvens. Quando a mulher entrou declarando não ter visto ninguém, Gudrun disse: "Certamente deve ser para mim; vou sair".

Fora, ela vê o cavalo de seu marido e um homem que ela toma por seu esposo. Ela monta na sela e eles se vão, a lua sai das nuvens e o diácono diz:

---

7 *Flóamanna saga*. cap.22. Ed. F. Jónsson, Reykjavik, 1932 (Islenzk Fornrit, XII).
8 *Contes populaires d'Island*. Trad. R. Boyer. Reykjavik, 1983, p.50-3

> Deslize a lua,
> Cavalgue o morto,
> Não vês a mancha branca
> Em minha nuca,
> Garun, Garun?[9]

Eles chegam à porta do cemitério onde o diácono amarra seu cavalo e Gudrun avista um túmulo aberto. Aterrorizada, ela tem a presença de espírito de agarrar a corda do sino.

> No mesmo instante, alguém a agarra por trás e ela tem a sorte de não ter tido tempo de vestir as duas mangas de seu casaco, porque a seguram com tanta força que o casaco rasgou na costura dos ombros, na altura da manga que ela tinha vestido. A última coisa que ela viu o diácono fazer foi, ao segurar o casaco rasgado, se precipitar no túmulo aberto fazendo a terra cair sobre si de todos os lados.

Gudrun volta para casa, mas

> nessa mesma noite, quando se deitou e a luz foi apagada, o diácono voltou e a perseguiu... Durante quinze dias seguidos, ela jamais pôde ficar sozinha e foi preciso vigiá-la toda noite.

Finalmente, chamam um feiticeiro que faz o morto retornar para a terra por suas conjurações, rola uma pedra sobre o túmulo, e Gudrun se restabelece, mas "nunca mais foi a mesma de antes". O texto não deixa nenhuma dúvida sobre o que significa bater à porta: o morto não vem procurar uma pessoa ao acaso, mas sim aquela que foi sua esposa, e o narrador destaca bem esse detalhe já que o diácono permanece invisível a qualquer outra pessoa. Se Gudrun não morre, pelo menos fica marcada para a vida inteira.

---

9 O diácono não pode pronunciar o nome de sua mulher porque ele contém a raiz *gud-* "Dieu".

O *brucolaque* da Europa do sul é ao mesmo tempo um batedor e um evocador. Tem o costume de bater à porta das casas e chamar as pessoas pelo nome; quem lhe responde morre imediatamente.[10] Esses mortos malfeitores prefiguram os vampiros. As crenças têm uma vida dura. Por volta de 1900, alguns estudantes declararam a Joseph Klapper que, em Gleiwitz (Silésia), acreditava-se nisto: "Quando uma pessoa morre, na noite seguinte ao enterro alguém bate à porta. Não se deve abrir porque é o morto que está lá fora. Se alguém abrir, levará para o túmulo outros membros da família".[11]

## O visitante

O visitante pode ser considerado uma variedade de batedor. A única coisa que os distingue é que não se diz se o primeiro bate na porta das casas que visita. No início do século XVIII, um morto chamado de vampiro espalhou a desordem no povoado de Liebava, na Morávia, e o cônego da catedral de Olmütz foi encarregado de um inquérito sobre esse caso em companhia de um padre, ao qual se deve o seguinte relato:

> Procedemos, ouvimos as testemunhas; observamos as regras ordinárias do direito. As testemunhas depuseram que certo habitante notável de Liebava tinha incomodado frequentemente os vivos do referido lugar durante a noite; que ele tinha saído do cemitério e aparecido em várias casas, havia cerca de três ou quatro anos; que suas visitas importunas tinham cessado porque um estrangeiro húngaro, passando pelo povoado na época desses boatos, gabou-se de fazê-los cessar e fazer o vampiro desaparecer. Para cumprir sua promessa, subiu no campanário da igreja e observou o momento em que o vampiro saía de seu túmulo, deixando ao lado

---

10 TOURNEFORT. *Voyage en Levant*. Amsterdam, 1718. t.l. p.52 et seq.
11 KLAPPER. Die schlesischen Geschichten..., art. cit., p.88.

da cova as roupas com as quais o tinham enterrado, e depois ia assustar os habitantes do povoado.

O húngaro, vendo-o sair da cova, desceu prontamente do campanário, roubou as roupas do vampiro e as levou consigo para a torre. O vampiro, ao voltar depois de aplicar seus golpes e não encontrar mais suas roupas, gritou muito contra o húngaro, que lhe acenou do alto da torre: se ele quisesse reaver sua roupa, que fosse buscá-la. O vampiro se dispôs a subir no campanário, mas o húngaro o derrubou da escada e lhe cortou a cabeça com uma enxada. Esse foi o fim da tragédia.[12]

Esse morto não é um vampiro, é um simples fantasma! De fato, não se diz que ele provoca novas mortes nem se faz nenhuma alusão à sua atividade de sanguessuga. Entretanto, ele é chamado de "vampiro", o que nos prova que o vocábulo de início designou os fantasmas, antes de ser aplicado aos sugadores de sangue. O autor do relato citado anteriormente interpreta portanto uma aparição em função dos boatos espalhados pela Europa desde algumas décadas e contribui para instalar o mito na realidade! Na verdade, o fantasma de Liebava é próximo daquele que Guillaume Laudun, segundo Gautier Map, despacha *ad patres...*

As traduções dos documentos da Europa central e oriental feitas antigamente devem ser examinadas com uma lupa, porque são frequentemente "orientadas" e os termos eslavos que designam os fantasmas foram sistematicamente traduzidos por "vampiro". Tivemos a surpresa de constatar que ocorre o mesmo hoje na obra que Boris Rybakov consagrou ao paganismo dos antigos eslavos:[13] não basta que se transpasse com uma estaca o corpo dos afogados ou dos homens que tiveram uma

---

12 Citado por Dom Calmet, *Dissertation sur les apparitions des espirits et sur les vampires ou les revenants de Hongrie, de Moravie, etc.* Einsiedeln, 1749. Reed. Grenoble, 1986.
13 RYBAKOV, B. *Le Paganisme des anciens Slaves*, op. cit., p.17 et seq. e 159 et seq.

morte violenta para que se trate de vampiros! Em contrapartida, outros "visitantes" o são. A trigésima sétima das *Cartas judaicas*, publicadas em 1738, apresenta um visitante vampiro e o leitor constatará as diferenças com a narrativa anterior.

No início de setembro, morreu no povoado de Kisilova, a três léguas de Gradisch [na Hungria], um velho de 62 anos. Três dias depois de enterrado, ele apareceu à noite para seu filho e lhe pediu comida; este o serviu, ele comeu e desapareceu. No dia seguinte, o filho contou aos vizinhos o que tinha acontecido. Naquela noite, o pai não apareceu, mas na noite seguinte ele se mostrou e pediu comida. Não se sabe se o filho lhe deu ou não, mas no dia seguinte encontraram este último morto na cama. No mesmo dia, cinco ou seis pessoas do povoado caíram subitamente doentes e morreram umas após as outras poucos dias depois. O oficial ou magistrado do lugar, informado do que tinha acontecido, enviou um relatório ao tribunal de Belgrado, que mandou vir ao povoado dois oficiais com um carrasco para examinar o caso. O oficial imperial, ao qual se deve este relatório, foi de Gradisch para lá, para ser testemunha de um fato de que tinha ouvido falar muito.

Abriram todos os túmulos daqueles que tinham morrido havia seis semanas; quando chegaram ao do velho, encontraram-no de olhos abertos, com cor vermelha, respiração natural, porém imóvel como um morto; de onde se concluiu que ele estava marcado como vampiro. O carrasco lhe enfiou uma estaca no coração. Fizeram uma fogueira e reduziram a cinzas o cadáver. Não se encontrou nenhuma marca de vampirismo, nem no cadáver do filho, nem no dos outros.

Os dois relatos citados anteriormente forneceram boa parte da matéria do mito moderno. O primeiro se encontra em *Carmilla*, de Sheridan Le Fanu, e o segundo inspirou A. Tolstoi em *A família do vurdalak*, certamente misturado com outro testemunho. Este último diz o seguinte:[14] um camponês húngaro hos-

---

14 Citado por Dom Calmet, *Dissertation sur les apparitions...*, op. cit.

peda um soldado que vê entrar um desconhecido, que se senta à mesa com a família e amedronta a todos; seu anfitrião morre no dia seguinte e o soldado pergunta quem era o visitante. "Dizem-lhe que era o pai de seu anfitrião, morto e enterrado havia mais de dez anos, que veio assim sentar-se perto dele e lhe tinha anunciado e causado sua morte." O soldado avisou seu regimento e o conde de Cabreras transporta-se para o lugar com outros oficiais, um cirurgião e um auditor. Ouvidas as testemunhas, o conde manda exumar o cadáver "e o encontram como um homem que acaba de expirar, e seu sangue como o de um homem vivo"; cortam-lhe a cabeça e o recolocam no túmulo. Em Tolstoi, o conde de Cabreras é substituído pelo marquês de Urfé, e o velho Gorcha retorna e se põe à mesa com seus familiares, mas recusa-se a comer, depois, à noite, ataca seu neto...

## O faminto

Em *O vampiro*, John William Polidori relata o encontro de Aubrey, seu herói, com uma jovem grega chamada Ianthe, que lhe fala de um acontecimento que causou muito mal à sua família:

> Muitas vezes, quando ela lhe contava a história do vampiro, que durante muito tempo tinha vivido com seus pais e amigos mais queridos, e que, a cada ano, para prolongar sua existência durante os meses seguintes, era obrigado a devorar uma bela mulher, seu sangue se gelava, embora ele se esforçasse para rir dessas histórias horríveis; mas Ianthe lhe citava os nomes daqueles velhos que tinham, enfim, descoberto um vampiro vivendo no meio deles, depois que um grande número de crianças e parentes próximos tinha saciado a voracidade do monstro.

Esse vampiro ainda não se tinha especializado na sucção do sangue dos vivos, trata-se de um monstro devorador que possui, na verdade, uma longa tradição da qual iremos dar exemplos.

Por volta do ano 217 d.C., Filostrato já conhece um personagem semelhante, a *empusa* que Apolônio de Tiana desmascara quando ela já tinha quase iludido Menippe. Apolônio declara a este último:

> Saiba que esta bela noiva é uma *empusa*, daqueles seres que o vulgo chama lâmias ou *goulas*. Elas são amorosas e desejam os prazeres do amor, mas sobretudo a carne dos humanos, e os seduzem proporcionando-lhes prazeres amorosos, os mesmos que elas querem para saciar-se.

Pensamos imediatamente em Carmilla! Conjurada por Apolônio e obrigada a falar, essa faminta reconhece "que ela era um espectro, que cumulava Menippe de prazeres, com a intenção de devorar o belo corpo dele, já que tinha o hábito de nutrir-se de corpos belos e jovens, porque o sangue deles era puro e sem mistura".[15]

Mas uma *empusa* não é um morto, é um demônio; é possível, todavia, que, por desvios sucessivos, os vampiros tenham retomado alguns de seus atributos, talvez em razão da transformação dos defuntos malfeitores justamente em demônios.

É por volta do século XI que aparecem pela primeira vez mortos famintos. A *Crônica dos tempos passados* russa relata um fato estranho que ocorreu em 1902, em Polotsk, cidade ucraniana. Embora as diferentes versões sobre o acontecimento estejam de acordo entre si, aquela que é conhecida pelo nome de redação Radziwill comporta uma notação notável que desaparecerá das outras. Nós a assinalamos em itálico:

> No ano de 6600 – depois da Criação! –, houve em Polotsk algo muito estranho; *para nós, isso se produziu na imaginação*. À noite, fazia-se ouvir subitamente um grande ruído na rua, onde diabos

---

15 PHILOSTRATE. *Vie d'Apollonios de Thyane* IV, 25. Trad. P. Grimal. In: *Romans grecs et latins*. Paris, 1963. (Bibliothèque de la Pléiade, 134), p.1158 et seq.

galopavam como seres humanos. Se alguém saísse de sua casa para ver, os diabos imediatamente o atacavam, de maneira invisível, com um ferimento do qual ele morria. Ninguém ousava mais sair de casa. Em seguida, esses diabos começaram a manifestar-se de dia, montados em cavalos, e não havia meio de vê-los; podia-se, entretanto, perceber os cascos dos cavalos. Eles incomodavam também as pessoas de Polotsk e de sua região, as quais diziam: *"Os habitantes de Polotsk são devorados pelos mortos"*.[16]

O texto utiliza a palavra *nave (nekroi)* para designar aquilo que mata os polotskianos. Os redatores hesitam entre demônios e mortos, mas podemos optar por estes, apoiando-nos em um dado filológico e no contexto. O vocábulo *nave* é relativamente raro e aparentemente considerado não literário, então pode ter sido suprimido pelo copista da redação Laurentine que utiliza também uma expressão adverbial significando "não em sonho, mas realmente, abertamente". O fato que a *Crônica* relata teria, então, ocorrido realmente e não na imaginação, e seriam fantasmas que teriam provocado grande mortalidade! Notemos de passagem que esses mortos devoradores formam uma caça infernal[17] e chegam montados em cavalos dos quais só se veem os cascos.

Outro testemunho, escandinavo desta vez, transmitido pelas *Gesta Danorum*, de Saxon, o Gramático (início do século XII), e pela *Saga de Egil e de Asmund, o matador de Berserkir*,[18] vem nos falar sobre a fome dos mortos. Asvit sucumbe a uma doença e é inumado sob uma colina com seu cavalo, seu cão e comida;

---

16 Agradecemos a J. P. Sémon (Paris Sorbonne), que nos forneceu, traduziu e fez o comentário filológico deste texto.
17 Cf. LECOUTEUX, C. *Chasses fantastiques et Cohortes de la nuit au Moyen Âge*, op. cit.
18 SAXO GRAMMATICUS. *Gesta Danorum* V. 162 ss., ed. A. Holder. Strasbourg, 1858; *Egils saga einhanda ok Asmundar berserkjabana*. Ed. G. Jónsson. In: *Fornaldar sögur nordurlanda* III, Reykjavik, 1924, p.323-65.

Asmund se faz enterrar vivo com ele, porque lhe jurou fraternidade. Pouco tempo depois, Asmud é tirado da sepultura por saqueadores de túmulos e lhes declara:

> Tive que sofrer uma prova terrível porque, voltando à vida, Asvit me arranha com suas unhas, luta com todas as suas forças e, voltando do reino dos mortos, trava combates terríveis após a morte ... Com seus dentes medonhos, ele devora o cavalo, enfia – que horror! – o cão na boca. Mas o corcel e o cão não lhe bastaram e ele virou para mim suas unhas cortantes, abriu-me a face, me roubou a orelha ... Mas esse horror não tardou a ser punido: com um golpe certeiro, fiz voar sua cabeça e atravessei com uma estaca o corpo malfeitor.

Retenhamos bem as informações da última frase porque não cessaremos de reencontrá-las. A degolação confirma as descobertas arqueológicas, e a utilização de uma estaca para fixar o fantasma em sua tumba é atestada pelas antigas leis escandinavas que dispõem de uma locução precisa: "enterrar sob a estaca" (*staursetja lik*). Uma passagem da *Saga de Eric, o vermelho*, reflete não apenas o temor dos mortos, mas assinala uma precaução elementar tomada contra eles:

> Na Groenlândia, desde a introdução do cristianismo, tinham o costume de enterrar as pessoas da granja em que morreram em terra não consagrada. Plantava-se, então, uma estaca acima do peito do morto e, quando o sacerdote vinha, arrancava-se a estaca, jogava-se água benta no buraco e celebrava-se um grande serviço fúnebre nesse lugar, embora com notável atraso.[19]

Essa estaca, que os romancistas e os cineastas tornarão célebre no mundo inteiro, foi muito utilizada para fixar os defuntos perigosos – aqueles cujo falecimento era suspeito – na terra, e

---
19 *La Saga d'Eric le rouge*, cap.6. Ed e trad. M. Gravier, Paris, 1955 (Bibl. de philologie germanique,17), p.75 et seq.

por volta de 1007, Burchard de Worms censura as mulheres, que, na morte de uma criança não batizada, "levam seu cadáver para um lugar secreto e lhe atravessam o corpo com um bastão. Elas afirmam que, se não fizessem isso, a criança retornaria e poderia fazer mal a muita gente". E Burchard acrescenta: "Se uma mulher não consegue pôr seu filho no mundo e morre nas dores, no próprio túmulo, atravessa-se a mãe e o filho com um bastão, pregando-os ao chão".[20] No plano de fundo, perfila-se a crença de que a mãe e a criança podem transformar-se em seres malfeitores que vão provocar outras mortes, ou seja, comportar-se como vampiros antecipados ou como os defuntos que estamos apresentando.

Testemunhos indiretos nos revelam que se acreditava que os mortos podiam devorar. Na Idade Média, identificavam-se os homicidas amarrando-os membro por membro ao assassinado; caso se tratasse mesmo do culpado, o defunto devorava o vivo, e um texto cita o caso de um homem cujo nariz e boca foram comidos por sua vítima.[21] Os gregos e os turcos imaginavam que os cadáveres dos *brucolaques* alimentavam-se de noite e via-se a prova disso desenterrando-os: os corpos estavam vermelhos e, abertos, deitavam rios de sangue fresco...

Se lançarmos um olhar sobre os contos populares, veremos que estes também conhecem os vampiros famintos e são fortemente influenciados pelos dados históricos, o que é normal dado que essas narrativas se encontram na confluência de elementos reais e míticos. Num conto cigano, um rei constata que suas provisões são misteriosamente devoradas à noite; seus três filhos montam guarda. Os dois primeiros não descobrem nada, mas o terceiro avista uma jovem que deixa sua mortalha e dá uma cam-

---

20 WORMS, Burchard de. *Decretum* XIX, 5, 179. Ed. H. -J. Schmidz. In: *Die Buftbücher*. 2 vol., Düsseldorf, 1898. t. 2, p.448.
21 Cf. LE BAIL, M. -L. Le Mort sur le vif. *Hésiode. Cahiers d'Ethnologie méditerranéenne*, n. 2, p.157-77, 1994.

balhota; imediatamente seus dentes se transformam em pás e suas unhas, em foices, e ela devora toda a comida que encontra. No conto, o vampiro conservou essencialmente seu caráter de monstro devorador, mas seu alimento ainda não é o sangue. Ademais, numerosas denominações do vampiro do outro lado do Reno conotam a noção de fome e de devoração: *Nachzehrer*, do verbo *zehren*, "devorar"; *Gierhals*, em que a raiz *Gier-* exprime avidez, já que o termo se traduz por "boca ou goela ávida"; ou, ainda, *Gierfrab*, do verbo *fressen*, "comer como um animal".[22]

## O nonicida

O nonicida, *Neuntöter* em alemão, é um fantasma cuja maleficência se limita a provocar a morte de nove (*nonus*) de seus parentes. Acreditava-se que ele atraía para si aqueles a quem amava particularmente, ou, então, que, na ocasião de sua morte, havia ocorrido algum descuido: tinham deixado um gato passar sobre o corpo; seus olhos recusaram-se a fechar-se; o xale de alguma mulher que fazia a toalete fúnebre havia roçado seus lábios etc. Evidentemente que nossos antepassados explicaram seus malefícios à sua maneira, afirmando que esse tipo de morto ama tanto seus familiares que quer tê-los perto de si. O tema reaparece em Sheridan Le Fanu sem que sejam evocados laços de parentesco: Carmilla deseja ter Laura como companheira na sua vida de além-túmulo. "Tu serás minha", declara ela à sua pobre vítima.

O testemunho mais antigo sobre o nonicida, pelo que sabemos, é um artigo de jornal datado de 31 de julho de 1725, que Michaël Ranft insere no seu tratado sobre *A mastigação dos mortos em seu túmulo*. Desta vez, o fantasma se acha completamente assimilado a um vampiro:

---

22 Na Pomerânia, encontramos: Gierrach, Gierhais, Begierig e Un begier.

Há dez semanas, no povoado de Kisolova, no distrito de Rahm, um indivíduo de nome Peter Plogojovitz morreu e foi enterrado à maneira das pessoas de Raetz; então, aconteceu o seguinte: no povoado de Kilosova, nove pessoas, velhos e jovens, após uma doença que evoluiu rapidamente em 24 horas, morreram num intervalo de oito dias apenas e, jazendo ainda vivas em seu leito de morte, testemunharam que o referido Plogojovitz (morto havia dez semanas) aparecera durante o sono, deitara-se sobre elas e lhes apertara a garganta tão fortemente que agora elas iam entregar a alma a Deus. Os habitantes, vivamente aflitos, tiveram seus temores ainda mais reforçados porque a mulher, interrogada por eles, confessou que seu marido tinha vindo reclamar seus sapatos a fim de deixar Kisolova e dirigir-se a outro povoado. Ocorre que em tais pessoas, chamadas também *vampyri*, existem diferentes sinais de ausência de decomposição do corpo ... Assim, os habitantes se puseram de acordo para abrir o túmulo de Peter Plogojovitz, a fim de ver se os referidos sinais estavam presentes. É por isso que eles se dirigiram a mim [é o oficial imperial do distrito de Gradiska, na Hungria, quem fala] para me colocar a par e me pedir se eu poderia assistir a essa visita com o pope. Eu respondi que essa operação requereria primeiro a aprovação da Administração e que eu me encarregaria do pedido, mas eles não quiseram saber de nada. Deram-me esta resposta peremptória: eu devia fazer o que quisesse e já que eu não queria que essa visita fosse feita sem permissão das autoridades, eles se sentiriam obrigados a abandonar suas casas porque, enquanto esperavam o consentimento de Belgrado, todo o povoado (como tinha acontecido com os turcos) corria o risco de ser aniquilado pelos maus espíritos.[23]

Em suma, o oficial examinou o corpo de Peter Plogojovitz com o pope e anotou: "Não sem espanto, descobri em sua boca um pouco de sangue fresco que, segundo o que ouvi dizer, proviria da sucção dos indivíduos mortos por Peter Plogojovitz".

---

23 RANFT, M. *De masticatione mortuorum in tumulis* (1728). Trad. D. Sonnier. Grenoble, 1995 (Petite collection ATOPIA, 2) p.25-7.

Quanto aos habitantes, eles afiaram uma estaca e a enfiaram no coração do cadáver, "depois, segundo o costume em vigor, queimaram aquele corpo tantas vezes mencionado, ato pelo qual imploro perdão se eles cometeram um engano".

Peter Plogojovitz é, ao mesmo tempo, nonicida, estrangulador e vampiro, o que mostra bem que o vampirismo não é unicamente sugar o sangue dos vivos. É bem possível que, nas crenças, os atos do monstro se concentraram sobre seu papel de sanguessuga em razão das descobertas feitas quando da exumação, notadamente o sangue fresco no túmulo, na boca ou jorrando do cadáver na autópsia. Destaquemos, também, que Plogojovitz vai provocar a desertificação do povoado, exatamente como o fantasma que, segundo Gautier Map, teve a cabeça cortada por Gillaume Laudun e que tem também a intenção de exercer sua atividade em outro lugar, razão pela qual ele precisa de botas, testemunho único de um fantasma viajante dentro de nosso *corpus*. O fato de ele deitar-se sobre as pessoas adormecidas estabelece um elo com os íncubos da Idade Média e o pesadelo, traço recorrente do mito moderno, no qual, num primeiro momento, a vítima sente um forte incômodo respiratório antes de morrer. Os pesquisadores também notaram que as mulheres são quase sempre visitadas por vampiros masculinos e os homens, por vampiros femininos.

## O *appesart*

Até o século XIX, uma crença europeia fala de um "espírito" que se lança sobre os homens que passam por certos lugares – cemitérios, encruzilhadas, capelas abandonadas, florestas, pântanos –, pula nas costas destes e se faz transportar por uma boa distância, para só deixá-los no momento em que chegam a casa. Esse "espírito" é, muitas vezes, dado por um morto, mas falta uma explicação para seus atos. Deve-se notar que o homem vítima do *appesart*[24] permanece num estado de grande fraqueza, como se um vampiro tivesse aspirado sua substância vital, e que está a dois passos da morte.

Segundo tudo leva a crer, o *appesart* é puro produto do medo que invade o homem ao passar perto daquilo que antigamente chamavam "lugares incertos" *(loca incerta)*, florestas, refúgios de almas penadas, sepulturas desconhecidas as quais alguém pisa por inadvertência etc. Por volta de 50 d.C., Xenofonte de Êfeso conta como uma menina se perdeu perto da tumba de um homem recentemente enterrado; alguém saiu do túmulo e tentou pegar a menina que gritou e fugiu.[25] Jérôme Cardan nos diz que um milanês, voltando para casa à terceira hora da noite, procurou escapar de um fantasma, mas outro o agarrou e o jogou no chão; eles lutaram e o homem foi finalmente salvo por transeuntes, mas morreu oito dias depois.[26] Essas narrativas nos fornecem, por assim dizer, o arquétipo do *appesart*, um defunto malfeitor que se lança sobre alguém.

## O pesadelo

Nos tempos antigos, o pesadelo foi uma entidade que englobava muitas realidades diferentes: o duplo de uma feiticeira que vem pesar sobre o peito de alguém, um espírito (*mar*) pesando ou pisoteando (verbo *caucher*), ou, ainda, um morto.[27] Ele está estreitamente ligado ao *appesart*, mas se distingue num ponto: ele ataca os que estão dormindo, enquanto o outro se

---

24 Retomamos este termo do francês antigo, uma das denominações do pesadelo, porque ele corresponde exatamente ao alemão *Aufthocker, Huckupp* em dialeto, que designa esse tipo de personagem.
25 Cf. ROHDE, E. *Der griechische Roman*. Leipzig, 1900. p.45.
26 HIERONIMUS CARDANUS. *Magia seu mirabilium historiarum de spectris*. 1597. p.56.
27 Cf. LECOUTEUX, C. *Au-delà du merveilleux*: des croyances au Moyen Âge. Paris, 1982. p.87-117.

lança sobre os viajantes e transeuntes. Ele estrangula os homens e pesa sobre eles – como aquele sapateiro que se suicidou em 1591 e do qual falaremos mais adiante – e até suga o sangue dos vivos.[28]

Do fim do século XVI até o século XVIII, o vampiro se comporta como um pesadelo, sufocando suas vítimas, mas esse detalhe naufraga na onda de informações sobre seu comportamento e suas ações, até tornar-se imperceptível. Aqui, também, vemos como é necessário o estudo estratigráfico do vampiro, o único que permite ver como se constituiu o mito moderno no qual o vocábulo "pesadelo" é recorrente. A sucção do vampiro provoca na vítima a mesma sensação de angústia respiratória. Além disso, a pessoa "vampirizada" pergunta-se sempre se não é vítima de um pesadelo. Quando o doutor Seward vela Lucy Westenra, que tem medo de dormir, ele lhe diz: "Eu lhe prometo que se reconhecer em você qualquer sinal de pesadelo, eu a acordarei imediatamente". E, alguns dias antes, Lucy confiou a seu diário íntimo:

> Eu tentei, então, não ceder ao sono e consegui durante algum tempo, mas as doze badaladas da meia-noite me acordaram – eu tinha adormecido apesar de tudo! Parecia-me que alguém arranhava a janela, ou seria antes um batimento de asas? Mas não dei muita atenção e, como não me lembro de mais nada, suponho que voltei a dormir imediatamente. Novos pesadelos. Se eu pudesse me lembrar deles... Esta manhã, sinto-me terrivelmente fraca! Meu rosto está de uma palidez medonha e sinto dor de garganta... Creio também que tenho algo nos pulmões; muitas vezes respiro com dificuldade.

O conde Drácula veio essa noite sugar seu sangue pela quarta vez.

---

28 Cf. RANKE, K. Alp. In: BÄCHATOLD-STÄUBLI, H. *Handwörterbuch des deutschen Aberglaubens*, 2.ed. Berlin, New York, 1987, t. l. col. 281-305.

A colusão entre o pesadelo e o vampiro, já destacada por E. Jones, é bem ilustrada pela *Mora* tcheca e pelo *Alp* alemão, duas entidades de pesadelo que sugam o sangue, e se ampliarmos o campo de investigação, essa concepção é confirmada por outras criaturas como o *ludak* da Lapônia, o *molong* da Malásia e o *penangelam* indo-chinês.

## O estrangulador

Em 7 de janeiro de 1732, três cirurgiões do exército austríaco entregam às autoridades seu relatório sobre um fantasma nocivo. Stanoicka, mulher de um heiduque de Medvegia, na Sérvia, morre com a idade de 20 anos após uma doença de três dias. Dezoito dias depois de seu enterro, os médicos J. Fluchinger, J. H. Sigel e J. F. Baumgarten procedem a uma autópsia e descobrem que seu rosto está corado, com a mesma cor dos vivos, e que ela foi estrangulada à meia-noite por Milloe, filho do heiduque, ele próprio um vampiro. A tradução completa do relatório está no apêndice. Os textos antigos que descrevem os malefícios dos vampiros indicam que esses indivíduos estrangulam os vivos, o que se encontra na literatura fantástica em que a vítima relata sentir grande sensação de sufocamento. A comunidade do lugar descobre que o morto é um vampiro ao abrir sua tumba: ele está mergulhado em alguns centímetros de sangue, ao passo que seu papel de sanguessuga não é evocado. O estrangulador já é, portanto, um vampiro mesmo que nem sempre leve esse nome.

Charles Ferdinand de Schertz dá um bom exemplo de estranguladora no seu estudo *Magia posthuma*,[29] retomado por Dom Calmet. Uma mulher falece munida de todos os sacramentos – o detalhe é importante, já que prova que as medidas cristãs são ineficazes – e volta quatro dias depois de seu enterro:

---

[29] Olmütz, 1706.

Os habitantes do povoado viram um espectro que aparecia sob a forma ora de um cão, ora a de um homem, não uma pessoa, mas várias, e lhes causava grandes dores apertando-lhes a garganta e comprimindo-lhes o estômago até sufocá-los; ele até lhes alquebrava o corpo e os reduzia a uma fraqueza extrema, de maneira que se mostravam pálidos, magros e extenuados. O espectro atacava até mesmo os animais, e encontraram vacas abatidas e quase mortas.

De Schertz não nos diz como se livraram desse flagelo que durou vários meses, mas discute o fato de saber se temos o direito de incinerar esses fantasmas.

Retenhamos as metamorfoses dessa estranguladora, que não é rara nessas histórias, e Bram Stocker certamente se inspira nela quando deixa pairar a dúvida sobre a verdadeira natureza do morcego que voeja diante da janela da pobre Lucy Westenra.

Observemos que os estranguladores se comportam frequentemente como os *appesarts,* como atesta a seguinte anedota:

Em 1591, um sapateiro corta a própria garganta numa célebre cidade silesiana. Ignora-se a causa do suicídio. Sua mulher cuida do ferimento e conta que ele sucumbiu a um golpe de sangue. Ao fim de seis semanas, corre um boato na cidade: um fantasma semelhante ao sapateiro atormenta e esmaga quem está dormindo. Ao mesmo tempo, outro boato se espalha, dizendo que o sapateiro se suicidou. Os parentes do morto se opõem à exumação do corpo, mas o defunto se lança sobre a cama dos que repousam, agarra-os e tenta estrangulá-los, pesa tão forte sobre eles que, no dia seguinte, aparecem marcas em seus corpos e até mesmo marcas de dedos muitas horas depois. Finalmente, o povo assustado manda exumar o corpo que repousou na terra de 22 de setembro de 1591 a 18 de abril de 1592. Descobre-se que o cadáver estava intacto, muito inchado, que a pele dos pés caiu e outra cresceu. No dedão do pé, percebe-se uma excrescência semelhante a uma rosa. Após 24 horas, enterram-no de novo, mas num lugar infamante. Entretanto, o morto continua com seus malfeitos até que, em 7 de maio de 1592, lhe cortam a cabeça, os membros, as mãos, os pés e lhe abrem as costas. Encontra-se seu coração intacto, como o de um bezerro recém-abatido. Erguem uma fogueira de sete camadas de madeira e incineram o corpo. Vigiam as cinzas durante a noite, a fim de que as pessoas não se apossem delas para agir de maneira criminosa; no dia seguinte, colocam as cinzas num saco que é jogado no rio. Daí por diante, conhecem a paz.[30]

## O mastigador

O que mais impressionou nossos antepassados foi um ruído de mandíbulas saindo dos túmulos,[31] como se a pessoa enterrada mastigasse algo. Dom Calmet nos dá uma das definições do vampiro de sua época e confirma seu parentesco, se não sua identidade total com ele: "Dizem que o vampiro tem uma espécie de fome que o faz comer a roupa que ele encontra ao seu redor".[32] Os textos latinos chamam esse tipo de morto de *manducator*, termo neutro que designa simplesmente o fenômeno, ao passo que o alemão utiliza *Nachzehrer*, muito mais revelador, visto que significa "aquele que provoca mortes devorando algo" ou "que atrai devorando". O *corpus* é imenso e se estende no tempo entre os séculos XV e XIX, por isso só daremos alguns exemplos representativos. Observemos de imediato que o mastigador é um vampiro passivo, já que não deixa sua sepultura, provocando as mortes a distância, por "simpatia" mágica: como ele se devora ou engole seu sudário, seus parentes falecem.

---

30 *Schesisches historisches Labyrinth*, Breslau & Leipzig, 1737. p.351 ss.
31 Cf. GARMANN, L.C.F. *De miraculis mortuorum*. Dresden & Leipzig, 1660, I, 3: *De cadaveribus, porcorum mandentium instar. In cryptis feralibus sonantibus, vulgo schmaetzende* Tode; ROHR, P. *Dissertatio historico-philosophica de masticatione mortuorum*. Lepzig 1679.
32 CALMET, D. *Dissertation* ..., op. cit., p.88.

O primeiro testemunho deve-se aos inquisidores Jacques Sprenger e Henry Institoris, encarregados da repressão à feitiçaria na Renânia, no último quartel do século XV:

> Um de nós, inquisidores, encontrou uma cidade (fortificada) quase esvaziada de habitantes pela morte. Por outro lado, corriam rumores de que uma mulher [morta] enterrada tinha pouco a pouco comido a mortalha com a qual tinha sido inumada; e que a epidemia não poderia acabar enquanto ela não comesse e digerisse a mortalha inteira. Tomaram uma resolução. O preboste e o prefeito da cidade, cavando a sepultura, encontraram quase a metade da mortalha enfiada na boca, na garganta e no estômago, e já digerida. Diante desse espetáculo, o preboste transtornado tirou sua espada e, cortando a cabeça, jogou-a para fora da cova. Imediatamente a peste cessou.[33]

Foi esse tipo particular de morte que forneceu aos séculos posteriores o principal fundamento do mito do vampiro. O fenômeno está quase sempre ligado a uma epidemia de peste, sem que se saiba exatamente o que esse termo designa. Nossos antepassados atribuíram aos defuntos singulares qualquer mortalidade inexplicada, mas já era o caso em Roma, onde, nos diz Ovídio, o culto dos ancestrais (*parentalia, dies parentales*) caiu em desuso, com consequências tão nefastas que foi restabelecido.[34] O relatório dos inquisidores talvez não seja o primeiro sobre esse tipo de acontecimento. De fato, segundo a *Crônica de Boêmia*, de Hajek de Libotschan, que remonta àquela que o abade Neplach d'Opatowitz redigiu por volta de 1370, um caso de mastigador teria sido constatado na aldeia polonesa de Lewin Klodzki. Se Neplack não fala de "feiticeira", Hajek é enfático:

---

33 *Malleus maleficarum* I, 15, Strasbourg, 1486-1487; fac-simile, Hildesheim, New York, 1992; trad. francesa A. Danet, *Le Marteau des sorcières*, Paris, 1973. p.271.
34 OVIDE. *Fastes* II. 553 et seq.

Em 1345, ocorreu o seguinte fato num burgo da Boêmia chamado Lewin. Um oleiro chamado Duchacz vivia ali, casado com uma certa Bradka que era feiticeira. Quando souberam disso, os padres a exortaram a evitar tais malefícios e, embora ela se abstivesse em público, continuou a praticá-los em segredo. Um dia em que havia citado todos os seus espíritos, ela morreu bruscamente e ninguém soube dizer se tinha falecido de morte natural ou se os espíritos a haviam matado. Por causa disso, não quiseram inumá-la entre os piedosos cristãos e a enterraram numa encruzilhada. Constataram logo que ela voltava, juntava-se aos pastores no campo, tomava a forma de diversos animais, assustava os pastores e espantava seus animais, o que lhes causava muitas preocupações. Às vezes, ela se mostrava tal qual era quando viva. Depois, ela voltou várias vezes ao mesmo burgo e às aldeias adjacentes, entrando nas casas, aparecendo sob diversas formas, falando com as pessoas, aterrorizando uma parte e matando um grande número. Os vizinhos do burgo e os camponeses dos arredores aliaram-se e encomendaram sua inumação a um homem hábil do lugar. Feito isso, todas as pessoas presentes puderam constatar que ela tinha devorado metade do véu que lhe cobria a cabeça e que o tirara todo ensanguentado de sua garganta. Plantaram-lhe no peito uma estaca de carvalho e imediatamente jorrou sangue de seu corpo, como de um boi, o que surpreendeu mais de um, depois a enterraram de novo. Pouco tempo depois, ela apareceu de novo, mais frequentemente do que antes, aterrorizando e matando as pessoas, e ela pisoteava aqueles que matava. Por essa razão, foi imediatamente desenterrada pelo mesmo homem, que descobriu que ela tinha retirado do corpo a estaca que tinham plantado e a segurava nas mãos. Assim sendo, tiraram-na do túmulo e a queimaram com a estaca, depois jogaram as cinzas no túmulo que foi novamente fechado. Durante vários dias, viram um turbilhão de vento no lugar em que a incineraram.[35]

O relatório é completo e a chamada Bradka se revela malfeitora e teimosa. Ela estava predestinada a desempenhar esse pa-

---

35 CHR. AELURIUS. *Grabische Chronick*. Leipzig, 1625. p.236 et seq.

pel malfeitor porque tinha sido feiticeira e sua morte foi das mais suspeitas. Não apenas ela devora o próprio véu, o que é próprio dos mastigadores, mas também deixa sua sepultura para vagar à vontade. Bradka reúne em si alguns vestígios bem definidos entre os fantasmas comuns: a faculdade de metamorfose, a capacidade de falar, um caráter mortífero. Finalmente, o testemunho nos diz claramente que uma estaca plantada no corpo não é a panaceia e que somente a incineração é eficaz para dar um fim às perambulações da referida Bradka. Entretanto, paira ainda uma dúvida, já que essa mulher danada conseguiu livrar-se da estaca e, durante algum tempo, subsiste ainda um turbilhão, forma comumente tomada pela alma dos defuntos!

O próprio Lutero viu-se defronte ao problema da crença nesses mortos malfeitores e, em *Propos de table*, nos fornece a resposta a uma carta que recebeu:

> Um pastor chamado Georg Rörer escreveu de Wittenberg que uma mulher residente numa aldeia morreu e, agora que está enterrada, devora a si mesma no túmulo, razão pela qual todos os habitantes dessa aldeia morreriam subitamente. Ele rogou ao doutor Martinho Lutero que lhe desse um conselho e este respondeu: "Trata-se de um prestígio diabólico e de uma malignidade. Se não acreditassem, isso não lhes causaria nenhum mal e estariam persuadidos de que se trata apenas de uma ilusão do diabo. Mas como eles são tão supersticiosos, morrerão cada vez mais. Se soubessem disso, não jogariam as pessoas no túmulo de maneira tão ímpia, mas diriam: Coma então, diabo! Tome comida de sal! Você não nos engana!"[36]

O texto é sibilino, mas prova que o fenômeno dos mastigadores espalhou-se em quase toda parte do outro lado do Reno. A explicação de Lutero é a mesma da Igreja medieval – tudo é ilusão diabólica –, e nosso teólogo crê que se pode sair dela re-

---

36 Tischrede, n.6823. In: *Luthers Werk*. Weimar, 1921. t.6. p.214.

correndo aos meios experimentados pelo exorcismo, aqui representado pelo sal considerado purificador.

Segundo os *Anais* da cidade de Wroclaw (Breslau), na Silésia, houve nesse local grande mortalidade em 1517:

> Do dia de São Miguel até o dia de Santo André, morreram cerca de duas mil pessoas. Durante esse tempo, um pastor foi enterrado com seus trajes em Gross-Mochbar: ele os devorou, produzindo o ruído das mandíbulas de uma porca. Então, o desenterraram e encontraram seus trajes ensanguentados na boca; cortaram-lhe a cabeça com uma enxada e a jogaram para fora do cemitério, então a mortalidade chegou ao fim.[37]

Essa apresentação dos mastigadores seria incompleta se deixássemos na sombra um texto particularmente esclarecedor, já que nos permite estabelecer com certeza o papel que esses mortos fora do comum desempenharam na elaboração do mito dos vampiros. O padre jesuíta Gabriel Rzaczynski atesta a crença na Polônia desde os anos de 1710 a 1720, o que mostra que a epidemia dos mastigadores se espalha na Europa e que favorece o desenvolvimento daquilo que se tornará um verdadeiro mito. Ele nos diz o seguinte:

> Ouvi dizer muitas vezes, por testemunhas dignas de fé, que foram encontrados cadáveres que não apenas permaneceram muito tempo incorruptos, flexíveis e corados (*incorruptum, flexibile, rubicundum*), mas também que mexiam a boca, a língua e os olhos, que tinham engolido a mortalha com a qual foram enterrados e tinham até mesmo devorado partes do próprio corpo (*vorare partes sui corporis*). Entretanto, espalhou-se a notícia de um cadáver como esse que saiu do seu túmulo, perambulou pelas encruzilhadas e diante das casas, aparecendo às vezes para um, às vezes para outro, atacou mais de uma pessoa para estrangulá-la. Quando se trata do cadáver de um homem, as pessoas o chamam *upier*, se for o de uma

---

37 Citado por KLAPPER, *Die schlesischen Geschichten*..., op. cit., p.85.

mulher, *upierzyca*, ou seja, mais ou menos "corpo emplumado, leve e se movendo com agilidade" (*si veri sit cadaver Upier, si muliebre Upierzyca, quase diceres plumefactum corpus, leve, agile, ad motum*).[38]

*Upier* é o nome original dos vampiros e sua utilização pelo autor do relatório estabelece, portanto, a ligação com os mastigadores, mas também com os estranguladores. Voltaremos a abordar esses vocábulos mais adiante, visto que a interpretação proposta anteriormente, que torna um vampiro um ser semelhante às estriges da Antiguidade clássica, à primeira vista é bastante surpreendente. Rzaczynski acrescenta que para preservar-se de seus ataques, esses corpos são decapitados. A partir de 1730, as autoridades começam a preocupar-se com as repetidas exumações, assemelhadas a profanações de sepulturas, acompanhadas de "atos bárbaros" e, nesse ano, as autoridades de Alsfeld, em Hesse, proibiram que desenterrassem e empalassem um morto que era ouvido mastigar na sua sepultura. Na Áustria-Hungria, um escrito de Maria Teresa datado de 1755, como visto anteriormente, é que fornece a base jurídica das proibições de execuções póstumas.

## Os fantasmas de forma animal

Já encontramos várias vezes mortos que se metamorfoseiam, infelizmente não só em morcegos, como pretende Bram Stoker que introduz esse volátil, assim como lobos e cães, temas recorrentes de seu romance. Na verdade, muitas outras formas bestiais são possíveis e já as evocamos. Na *Crônica de Frankenstein*, Martin Kolbitz observa para o ano de 1605:

---

38 RZACZYNSKI, G. *Historia naturalis curiosa regni Poloniae*. Sandomir, 1721. p.365.

Na primavera e no verão, aqui em Neustadt e em muitos outros lugares, apareceu um monstro, muitas vezes sob a forma de um cão, outras sob a de um bezerro, durante a noite, antes e depois de meia-noite; foi chamado de Rothe ou Drothe. Ele perseguiu terrivelmente as pessoas na estrada que vai de Baumgarten a Frankenberg, nas proximidades do bosque. Apareceu para os viajantes em pleno dia e se jogou sobre eles; atormentou violentamente os transeuntes, de tal modo que ninguém mais ousou seguir essa estrada; quando Martin Riedeln, o moleiro, ia por ela, foi tão molestado que morreu três dias depois.[39]

Não nos deixemos enganar pela palavra "monstro"; esta significa "fantasma" e equivale ao latim *monstrum*, que possui o mesmo sentido. Nas crenças populares de além-Reno, esse fantasma que pula sobre os passantes também é chamado *Aufhocker* (*appesart*); seu peso é quase insuportável e a pessoa atacada permanece algum tempo em estado de grande fraqueza que pode ocasionar sua morte. O morto malfeitor de Neustadt assume diversas formas, mas isso não é nenhuma novidade uma vez que já por volta de 1210 encontramos fantasmas metamorfoseados sobre os quais se multiplicam os testemunhos no século XV. As formas animais mais correntes nessa época são o cão, o cavalo, o corvo, a cabra, além da bola de fogo e a moita ardente. Cada região da Europa desenvolveu suas próprias representações. Numa época mais próxima de nós, pretendeu-se que esses fantasmas se mostrassem também como piolhos, pulgas e carrapatos, parasitas vampíricos como se vê.

Estamos agora familiarizados com os vampiros, mas ainda não examinamos seus nomes. Ora, ninguém ignora que sempre há uma relação estreita entre todo conceito e sua denominação, portanto não seria vão nos debruçarmos sobre os nomes dos vampiros.

---

39 *Monatsschrift von und für Schlesien* I (1829). p.411.

# 5
# As denominações dos vampiros

> "Os documentos empregam os termos
> *stregoica*, 'feiticeira', *ordog* e *pokol*,
> 'Satã, inferno'; e um dos manuscritos
> fala de nosso Drácula como um *wampyr*."
>
> Bram Stoker

Até o momento, foram formuladas diversas hipóteses sobre o sentido e a etimologia da palavra "vampiro". O problema linguístico é importante porque sabemos que um vocábulo geralmente dá conta do estrato semântico mais profundo e fornece chaves que permitem abrir perspectivas às vezes inesperadas. Não há um provérbio que diz: *Numen est nomen*? Já em 1909, Joseph Klapper demonstrava que o vocábulo englobava uma pluralidade de indivíduos diferentes, mas seus esforços de esclarecimento parecem ter permanecido como letra morta e continuou-se a utilizar o termo sem muita preocupação de exatidão, tanto mais que a maioria dos livros sobre o assunto visava mais aos amantes de sensacionalismo e irracionalismo que aos espíritos desejosos de instruir-se.

## A propósito de feiticeiros e de lobisomens

Em Istria, o vampiro é chamado de *strigon*, termo no qual se reconhece "estrige" que, nos tempos antigos, significava "feiticeira", e *vedarez*. Nos Bálcãs, temos *vampir* e *wampir*, em polonês; nos Cárpatos, *opyr* que, em russo, significa "morto em sursis" (*zaloznyj pokojnik*). Os kachoubes utilizam *upor* e os tchecos, *upir*. O polonês e o kachoube, *wieszczy*, "o anunciador", *vischcun* na Dalmácia e, em Istria, sublinham a posse de uma certa ciência e remetem, portanto, à magia e à feitiçaria, o que é confirmado por outra palavra: *strzysz*, "feiticeiro"; o búlgaro *dedejko* estabelece um elo entre o vampiro e o mundo físico; na Croácia e na Dalmácia, as denominações do vampiro por *vukodlak, ukodlak, vuk* parecem forjadas sobre "lobo" e possuir o sentido de "pele de lobo", o que remeteria à noção de lobisomem, mas as opiniões divergem sobre este ponto. Sabemos, todavia, que existe um espantoso parentesco entre esses dois indivíduos e que na Ucrânia e na Bielorrússia pensava-se que os vampiros fossem homens que tinham sido lobisomens em vida.

## *Vârkolac*

No século XIX, os dicionários russo-latinos definem o *vârkolac* como "eclipse de lua" (*ecclypsis lunae*) e como "espectro composto de um cadáver e um demônio", com os dois termos da definição remetendo um para lobisomem, outro para a possessão e a animação do cadáver por uma entidade maléfica. Durante sete anos, o *vârkolac* repousa em seu sepulcro, depois sai sob a forma de um menino negro que vem sugar o sangue dos humanos; ele volta à sua vítima algumas semanas ou meses mais tarde, e esta se sente esgotada e definha lentamente; percebe-se uma pequena mancha vermelha no seu braço esquerdo, sinal evidente da natureza do agressor. Se o *vârkolac* visita nove vezes um homem e suga seu sangue sem ser incomodado, seu alvo morre em poucos dias, um detalhe que Bram Stoker utiliza em *Drácula*, já que Lucy Westenra é sugada nove vezes e só sobrevive algum tempo graças a transfusões. O *vârkolac* é particularmente perigoso porque pode reduzir seu tamanho à vontade, a fim de entrar nos quartos pelo buraco da fechadura. Dizem também que se trata do nono ou do sétimo filho de um mesmo casal e que possui a faculdade de transformar-se em animal quando quiser; sob essa forma animal, ele vai, então, sugar o sangue de quem está dormindo.[1] A estreita relação que existe entre os lobisomens e os eslavos do sul é confirmada pelas crenças observadas nesse espaço geográfico. Os lobisomens não encontram repouso após a morte e devoram a carne dos próprios pés e mãos; depois, quando não têm mais nada para comer, saem de seu túmulo à meia-noite, atacam os rebanhos, entram nas casas, deitam sobre quem está dormindo e sugam seu sangue; então, saciados, voltam ao sepulcro. Sua vítima apresenta as marcas de uma mordida no seio ou na altura do coração.[2]

## Grobnik

Na Bulgária, encontra-se o termo *grobnik*, formado de *grob*, "a tumba", e *tenec*, derivado de *ten*, "sombra". Temos também *lepir*, que designa um morto de origem desconhecida e que se confunde frequentemente com *Ustrel*, um demônio que habita os túmulos, e com *Morava*, um demônio das doenças que atormenta os homens à noite. Por sua vez, o polonês *morus*, do latim *mors*, indica simplesmente que o personagem é um defunto.

---

[1] Cf. MANNHARDT, W. Der Vampyrismus, *Zeitschrift für deutsche Mythologie*, n.4, p.259-82, 1859; HANUSH, J.J. Die vampyre. *Zeitschrift für deutsche Mythologie*, n.4, p.198-201, 1859; WLISLOCKI, Heinrich von. Qüalgeister im Volksglauben der Rumänen, *Am Ur-Quell*, n.6, p.90-2, 1896.

[2] Cf. KARL, F. *Danziger Sagen*. Anhuth, 1843. p.39.

## Opyr

*Opyr*, que encontramos em Sheridan Le Fanu sob a forma *upyre*, não possui etimologia certa; aproxima-se do verbo sérvio *piriti*, "inflar", e do grego *apyros*, "não submetido ao fogo", assim como do turco *pir (per)*, "voar", que se encontra na Turquia do norte sob a forma *uber*, "vampiro". Em favor dessa hipótese oriental, os eruditos apresentaram o verbo polonês *upierzyck*, "dotar de plumas", e *upior*, "fantasma alado", o que nos lembra as estriges e outras bruxas da Antiguidade clássica.

O campo semântico de "vampiro" gravita em torno de noções que encontramos sem cessar nos testemunhos: o morto tridimensional, a tumba, o defunto que não "transpassou", o feiticeiro, o homem que possui a faculdade de transformar-se em lobo.

## Vurdalak

Alexis Tolstoi utiliza o termo *vurdalak* e nos apresenta assim esse personagem:

> Os *vurdalaks*, ou vampiros dos povos eslavos, na opinião do país, nada mais são que corpos de mortos saídos de seus túmulos para sugar o sangue dos vivos. Até aí, seus hábitos são os de todos os vampiros, mas eles têm outro que os torna mais temíveis. Os *vurdalaks*, minhas senhoras, sugam de preferência o sangue de seus parentes mais próximos e de seus amigos mais íntimos, os quais, depois de mortos, se tornam por sua vez vampiros, de tal modo que se diz ter visto na Bósnia e na Hungria povoados inteiros transformados em *vurdalaks*.

*Vurdalak* não é um termo das crenças russas, entenda-se! Foi inserido no vocabulário graças a Pushkin, que o emprega exclusivamente nos poemas "Marko Jakubovitch" e "Vurdalak", que fazem parte do ciclo do *Canto dos eslavos do Oeste*, que é também a tradução do livro de Prosper Mérimée, *Guzla ou Poemas ilirianos*. Trata-se, na verdade, de um vocábulo croata e dálmata e Pushkin deu-se ao trabalho de acrescentar uma nota aos seus poemas para explicar a palavra: "Os *vurdalak, vudkodlak, upyr* são mortos que saem de seus túmulos e sugam o sangue dos vivos".[3] Constatamos, assim, o papel que a literatura pode desempenhar na propagação da crença.

## *Brucolaque*

Dom Augustin Calmet, por sua vez, emprega *brucolaque*. Os dois vocábulos originaram-se na Grécia, onde têm a forma *vrikolakas*, palavra que designa um zumbi ou um fantasma que ataca os rebanhos.[4] Em 1721, o bispo de Abranches nos dá sua etimologia do termo:

> A palavra *brucolaque* vem do grego moderno *bourcos*, que significa "lama", e de *laucos* que significa "fossa", "cloaca", porque se afirma que os túmulos onde são colocados esses corpos encontram-se geralmente repletos de lama.[5]

Os russos ucranianos utilizam, na verdade, o termo *mjertovjec*, "o morto que anda", para designar os vampiros. Esse indivíduo foi um lobisomem ou um feiticeiro, ou ainda um excomungado, amaldiçoado pelo clero ou por seus parentes; ele caminha ou cavalga, faz barulho com seus ossos, aterroriza os vi-

---

3 PUSKIN, A. S. *Slovar' jazyka*. Moscou, 1949. p.193.
4 KARAGIANNIS-MOSER, E. *Le Bestiaire de la Chanson populaire grecque moderne*. Paris, 1997. p.311. Sobre o zumbi, cf. VOLTA, L. Horror nella cultura di massa, Dal mito allo zombi. *Quaderni di Filologia Germanica*, n.2, p.193-211, 1982.
5 PLANCY, Collin de. *Dictionnaire infernal*. Paris, 1863. p.346.

vos e desaparece ao terceiro canto do galo; quando se abre sua tumba, reconhece-se sem dificuldade sua natureza, porque ele está deitado de bruços. Quando alguém o encontra, identifica-o imediatamente por seu nariz, cujo osso está ausente, e por seu lábio inferior fendido.

## Nosferat

Bram Stoker, por sua vez, utiliza *nosferatu*, nome que se tornou célebre pelo filme de F. W. Murnau (1922) em que Max Schreck encarna o conde Drácula; mas, na verdade, ele mistura diferentes personagens das crenças romenas: o *nosferat* propriamente dito (um fantasma), o *murony* da Valáquia, o *strigoï*, o *moroiu* e o *stafia*, sobre os quais será necessário dizer algumas palavras, já que não fazem parte das criaturas conhecidas pelo grande público!

## Murony

Como o nosferatu, o *murony* da Valáquia é o fruto ilegítimo de dois filhos ilegítimos, ou o espírito nefasto de uma pessoa morta por um vampiro. De dia, ele fica deitado em seu túmulo; de noite, vai livremente para onde seu desejo o leva e suga o sangue dos vivos. Ele é imortal e só pode ser eliminado se o seu corpo, reconhecido por apresentar um aspecto sadio no caixão, for desenterrado e lhe atravessarem o coração com uma estaca de madeira, ou se for queimado. Acredita-se que o *murony* pode metamorfosear-se em cão, gato, sapo, rã, pulga, piolho, percevejo e aranha. Ele não deixa obrigatoriamente marca no pescoço da pessoa cujo sangue ele suga, o que reforça o temor dos homens ante um caso de morte súbita.

Quanto ao nosferatu, muitas vezes é uma criança natimorta; depois de enterrada, volta à vida e deixa sua cova para não mais voltar, transforma-se em cão, em gato, quase sempre preto, em escaravelho, em borboleta e até em fiapo de palha, vai sugar o sangue dos velhos e copular com as mulheres. Suas vítimas emagrecem, declinam e falecem. Quando nasce uma criança dessas relações contra a natureza, ela é peluda, horrível e, depois que morre, torna-se um *moroiu*, do qual falaremos mais adiante.

## *Strigoï*

O romeno *strigoï* possui duas acepções: "feiticeira", quando se trata de mulheres vivas, e "fantasma", quando designa homens que parecem mortos ou cadáveres que não se decompõem, seja porque possuem duas almas, uma boa que deixou o corpo no momento da morte, enquanto a má permanece nele, seja ainda porque a alma voltou no seu invólucro carnal seis semanas, seis meses ou sete anos após a morte.[6] Esses fantasmas têm o aspecto que tinham quando vivos, às vezes são altos, têm olhos vermelhos, unhas iguais a foices, cauda peluda e boca larga. Seu rosto é rubicundo visto que sugam muito sangue, suas pernas e mãos são finas e secas como fusos, ou, então, possuem patas de cavalo ou de ganso. Eles andam descalços, vestidos com uma camisa vermelha ou branca, ou totalmente nus; o corpo é peludo, a cabeleira, longa, e os dentes, muito grandes. São representados, às vezes, como um esqueleto recoberto de pele, outras vezes como anões encorpados. Eles saem de seu túmulo à meia-noite, carregando seu caixão na cabeça ou nas costas; provocam o cólera, a peste e as doenças dos rebanhos; devoram o coração dos homens e dos animais, sugam seu sangue, aspi-

---

[6] Sobre o strigoï, cf. KARLINGER, F., TURCZINSKI, E. *Rumänische Sagen und Sagen aus Rumänien*, Berlin, 1982 (Europäische Sagen.XI). p.45 ss.

ram a alma de seus parentes e se, metamorfoseado em mosca, um deles pousar sobre uma pessoa, ela morrerá. Gostam de permanecer em casas, cemitérios, debaixo de pontes, nas encruzilhadas e nos lugares ermos. Eles dançam sobre os túmulos, voam em torno dos campanários, cantam e gritam, e as feiticeiras participam dessas atividades. Depois, lutam entre si com hastes de linho, com machados, foices etc., e o vencedor é nomeado rei dos fantasmas. Se alguém passar perto dessa batalha, os fantasmas o golpeiam e o fazem esquecer o que ia fazer. Quem chega ali no dia seguinte, vê muito sangue derramado e perde a fala. Depois de lutar, os fantasmas se reúnem numa casa abandonada, fiam a lã roubada, tecem o fio e fazem camisas de linho para si mesmos. A principal reunião ocorre na noite de Santo André. Os *strigoï* voltam ao túmulo na aurora ou quando soam as vésperas; quando atrasam, explodem em dois pedaços ou podem ser mortos.

## Moroiu

Vejamos agora o *moroiu*, que Paul Wilson ressuscita e atualiza em *A fortaleza negra*. Na origem, é um espírito pesado, um *appesart* que surge de uma criança morta sem batismo ou natimorta. Muitos desses indivíduos são filhos ilegítimos que a mãe matou e enterrou fora do cemitério. Sete anos depois do nascimento, a alma dessa criança grita do túmulo: "Batismo! Batismo!". Se alguém ouvir e pronunciar a fórmula batismal, der-lhe um nome e jogar um pedaço de tecido à guisa de presente no lugar de onde vem o grito, a criança estará batizada, dizem, e não será mais um *moroiu*. Se o seu grito não for ouvido ou se o ritual anterior não foi cumprido, a criança se transformará numa chama de dois metros de altura voando na superfície do solo. Se tocar num ser vivo, ela o matará e, se bater num edifício, o incendiará. Dizem também que ele assume a forma de um gato que pula sobre os viajantes, de um cão que os morde e de uma chama vermelha que os deixa mudos, loucos ou simplesmente doentes.

Deve-se irrigar com água benta os túmulos dessas crianças, sete anos seguidos, no dia da Epifania: desse modo, as crianças são simbolicamente batizadas a fim de encontrar o repouso eterno. Note-se que um *moroiu* é pior que um demônio porque não desaparece diante do sinal da cruz! Pode aparecer à meia-noite como uma mulher usando um tecido de linho branco sobre o peito, como uma espécie de *Dome blanche**, e desfigura a pessoa que encontra. Os romenos do sudoeste não distinguem o *moroiu* do fantasma. Segundo algumas tradições orais dessa região, os mortos que se tornaram *moroi* são desenterrados e, para eliminá-los, retira-se o coração do cadáver, que é jogado para os cães.

## *Stafia*

O *stafia* é uma entidade maléfica que vem à luz da seguinte maneira: quando os pedreiros medem secretamente a sombra de um homem ou de um animal que cai sobre uma construção e enterram a medida nas fundações do edifício, a fim de que este não desmorone, esses seres morrem quando o edifício for concluído ou pouco depois de ter perdido sua sombra. Eles se tornam *stafi* e, diferentemente dos fantasmas, não possuem corpo nem cauda e ficam ligados a esse lugar, aparecendo unicamente aí, onde sua sombra está murada. Os homens assassinados ou os suicidas também resultam em *stafii*.

Nas tradições populares, o *stafia* assemelha-se a uma mulher cujos cabelos tocam o solo e que possui um tórax de ferro longo e amplo. A mulher aparece nua ou vestida de branco, é

---

* Fantasma feminino frequentemente citado em lendas europeias (N. E.).

muito magra e feia, pálida como cera; os olhos são como duas cebolas, a boca, como um prato, a cabeça, como um balde, as orelhas, como esponjas, e os dentes, como um pente. O *stafia*, às vezes, se mostra também sob a forma de um animal (porco, cão, gato, carneiro, bode, cabra, cavalo etc.). Surge à noite nas residências, nas adegas, nas igrejas, nas pontes, nas fontes abandonadas, assim como nos lugares desertos, nas encruzilhadas e nas florestas. Ele desaparece ao primeiro canto do galo ou quando alguém se persigna. Em geral, não é maldoso, mas os que o são golpeiam as pessoas com seu peito, arranham, estrangulam, oprimem os que estão dormindo ou os mutilam. Eles apagam as velas e procuram comida nas casas. Para favorecê-los, os homens deixam comida e bebida em suas casas, em lugares de fácil acesso.

## *Vampir*

Do outro lado do Reno, *vampir* é mencionado pela primeira vez em 1732 e o autor que o cita e do qual só conhecemos as iniciais do nome questiona-se sobre a significação do termo.[7] Na Inglaterra, *vampyre* insere-se no vocabulário pelo canal de uma narrativa de viagem, publicada em 1745, mas redigida em 1734, *The travels of three English gentlemen, from Venice to Hamburg* [*As viagens de três cavalheiros ingleses, de Veneza a Hamburgo*].[8] O autor cita casos de vampirismo da Sérvia, do Banat, da Rússia, da Polônia e da Lituânia referindo-se ao provisor Johann Heinrich Zopf,[9] e escreve: "Esses vampiros supostamente são cadáveres

---

7 W. S. G. E., *Curieuse und sehr wunderbare Relation* ..., 1732, p.85 ; mas J. Chr. Pohle et J. – G. Hertel sabem examente do que se trata no seu *De hominibus post mortem sanguisugis vulgo sic dictis Vampyren*, Lepzig, 1732.

8 Editado em *The Harleian miscellany*, t. 4, Londres, 1745.

9 Que escreveu uma *Dissertatio de vampyris Serviensibus*, publicada em Duisburg em 1733.

de pessoas falecidas, animados por maus espíritos, que saem de suas tumbas à noite e sugam o sangue de muitos viventes, o que lhes causa a morte".

Se fosse preciso fazer um balanço de tudo o que precede, diríamos que todos esses indivíduos de nomes diversos apresentam entre si alguns pontos comuns, certamente, mas também muitas diferenças. A fronteira entre eles permanece flutuante; há mais de um cruzamento que se explica primeiro pelas origens geográficas de cada um e depois pela confusão que reina nos espíritos. À medida que o tempo passa, os dados precisos perdem seus contornos e confirma-se a tendência que já constatamos a propósito dos precursores dos vampiros: os amálgamas e as associações tendem a ignorar as dessemelhanças e a apagar as diferenças. Resta o fato de que esses sanguessugas humanos são considerados existentes e é preciso eliminá-los a fim de viver em paz.

# 6
# Como se proteger dos vampiros?

"Os Amores, os Amores,
O coração chega e grita,
Para fazer-se ouvir no julgamento;
Ele se queixa contra ti,
Coelhos, serpentes e corças,
A caça não é mesmo boa?
Os corações humanos
Onde os encontramos, os perdemos.
É o sangue deles que me aplaca,
É a carne deles que me nutre,
E é assim que eu vivo!"[1]

A. Cremene

A proteção contra os vampiros efetua-se em três momentos diferentes: quando eles acabam de nascer, quando morrem ou algum tempo depois de entregarem a alma a Deus e se tornarem hóspedes de um mundo intermediário, que não é mais o da vida

---

[1] "Chant nocturne du vampire" apud CREMENE, A. *La mythologie du vampire em Roumanie*. Monaco, 1981.

nem ainda é o da morte. Outras providências visam proteger as residências contra a permanência da ameaça.

## Os nascimentos suspeitos

Certos sinais de nascença, que evocamos no quinto capítulo, podem revelar a chegada de um vampiro; então, voltaremos a eles apenas brevemente. Um nascimento monstruoso, por exemplo, é um sinal (*portentum*) nefasto que incita a tomar medidas draconianas, sobretudo porque se pergunta sobre a natureza do pai: pode ser um vampiro, um fantasma que teve relações sexuais com a esposa ou um espírito indeterminado, um diabo da família dos súcubos[2] – que é a grande explicação dos clérigos, da Idade Média ao século XVI. Como um bom exemplo vale mais que um longo discurso, deixemos, então, a palavra a um de nossos ancestrais que relata o seguinte:

> Em 1565, uma mulher da aldeia de Schmitz, dependente da autoridade do nobre sire Vratislaus de Bernstein, deu à luz um ser diabólico que não tinha pés nem cabeça; sobre o peito, perto do ombro esquerdo, tinha uma boca aberta e, perto do ombro direito, uma orelha. Possuía ventosas em vez de dedos, como uma rã ou um sapo; todo o seu corpo tinha cor de fígado e tremia como geleia ou gordura. Quando a parteira colocou esse ser numa tina ou bacia para lavá-lo, ele soltou gritos horríveis. Muitas pessoas observaram essa criatura diante da igreja; depois a enterraram num lugar reservado às crianças mortas sem batismo, mas sua mãe não cessou de pedir que exumassem esse ser terrível e que o destruíssem totalmente, a fim de que nada mais restasse dele; ela confessou

---

2 Num manuscrito de 1454, conservado na biblioteca de Wroclaw, o *Latalec*, uma variedade de fantasma é chamado íncubo; cf. KLAPPER, J. Die schlesichen Geschichten..., op. cit., p.63.

que tinha tido frequentes relações com um diabo que assumira o aspecto de seu marido; era preciso, então, devolver ao diabo aquilo que lhe pertencia e, para ela, que Satã tinha aterrorizado e atormentado, era necessário – pedia insistentemente – providenciar vigilantes e amigos piedosos e fiéis. Por ordem de sire Vratislaus, exumaram o aleijão, colocaram-no numa carroça e o entregaram ao carrasco para que o queimasse fora da aldeia. Apesar da enorme quantidade de madeira queimada, não puderam eliminar aquela massa diabólica; até mesmo as roupas com que o tinham vestido permaneceram úmidas apesar do vigor do braseiro, até que o carrasco o cortou em pequenos pedaços e os destruiu pelo fogo com muita dificuldade. Isso aconteceu na sexta-feira seguinte à Ascensão. Durante esse período, o diabo atormentava a mulher violentamente. Nessa noite, ouviram como que cavalos fazendo grande tropel ao redor da casa dela, acompanhado de toques de sinos, e na noite seguinte, gemidos plangentes, primeiro sob as janelas, depois na própria casa, o que aterrorizou a mãe e os vizinhos. A mulher não cessava de implorar a Deus, e a Igreja intercedia por ela com orações calorosas. Alguém, em nome de Deus, acabou por ordenar ao Diabo que mergulhasse no inferno mais profundo. Ouviu-se, então, um uivo, como se cães e gatos estivessem se mordendo, um forte toque de sinos, e o rio que corria ao lado da casa transbordou, para grande infortúnio dos vizinhos. Contudo, as piedosas orações acabaram por livrar a mulher da ira e da malignidade do diabo louco, pela graça e misericórdia divina.[3]

Sob a interpretação cristã dos fatos, reconhece-se facilmente a "realidade": um morto volta para ver sua mulher e a engravida; todo o restante da história pertence à literatura exemplar ou ao sermão! Graças às medidas tomadas, conseguiram cortar logo um futuro flagelo: o aleijão não teve tempo de se transformar em vampiro e a comunidade foi salva.

---

[3] Citado por KLAPPER, J., op. cit., p.75 et seq.

## Precauções quando da morte e da inumação

Além das bem conhecidas medidas gerais de proteção contra os mortos – como morder o dedão do pé do cadáver para que ele não volte mais, velá-lo para protegê-lo dos espíritos malignos à espreita e de feiticeiras ávidas em obter ingredientes para seus malefícios,[4] fazê-lo compreender que ele "passou",[5] tirá-lo por um buraco especialmente aberto na parede, procurar desorientá-lo dando mil voltas e desvios entre a casa e o cemitério, fazendo-o transpor uma água corrente ou encruzilhadas –, precauções que se aplicam a todos os indivíduos cujo retorno se teme, há outras que se referem mais especificamente aos supostos vampiros. Em 1719, um periódico de medicina consagrou uma breve nota às diferentes crenças relativas aos enterros, em que as precauções tomadas na época são facilmente vistas:

> Que nos seja permitido citar de passagem uma ou outra superstição referente aos cadáveres e às inumações. O que significam, por exemplo, o retorno dos mortos, o sangramento dos cadáveres, a incorruptibilidade de alguns corpos de pecadores, o chamado vampirismo, os uivos dos cães, a queda da padiola [a maca mortuária], a ausência de rigidez cadavérica daquele que acaba de

---

4 Cf. a declaração de um morto em Apuleio (*Métamorphoses* I, 30): "Enquanto aquele homem, que encarregaram de vigiar meu cadáver, exercia sobre ele uma vigilância atenta, algumas velhas feiticeiras, que espreitavam meus despojos, e que com essa finalidade tinham várias vezes mudado de forma, não podendo desviar sua atenção, acabaram por lançar sobre ele uma nuvem de sono e, enquanto ele estava mergulhado num profundo repouso, começaram a me chamar pelo nome, sem parar, até que meus membros entorpecidos e meu corpo frio, com esforços preguiçosos, tentassem responder às suas conjurações".

5 Uma mulher de vigília gabava-se assim de ter feito deitar à força um defunto que se levantava da cama, e de ter-lhe dito: "Eh! O que você quer fazer entre os vivos? Deite-se! Você não é mais dos nossos"; cf. GEIGER, P. Leichenwache. In: *Hadwörterbuch...*, op. cit., t. 5, col. 1105-1113.

morrer e outras interpretações físicas comuns, a abertura da janela por ocasião de um falecimento, o medo de molhar de lágrimas a mortalha, o pagamento do caixão ao marceneiro sem faltar um centavo, o apagamento de uma ou outra vela mortuária e muitos outros fatos semelhantes. Tudo isso não são superstições?[6]

Os sintomas evocados estão disseminados por toda a Europa, mas são interpretados como anúncio da transformação dos mortos em vampiros. Nesse testemunho, estão ligados à categoria dos nonicidas e dos mastigadores, aqueles vampiros passivos que provocam a morte a distância, sem deixar o túmulo. Em 1800, o pastor de Steinkirch consigna suas observações sobre a morte de sua filha e nota "que é preciso prestar particular atenção para que nenhuma fita ou roupa fique próxima da boca da defunta, senão ela mastigará no túmulo até que um membro da família morra", e essa precaução se encontra em toda a Alemanha.[7]

O que mais se teme é aquilo que podemos chamar "o contágio da morte", que assume múltiplas formas das quais os vampiros são apenas uma faceta. O exame de mil e quinhentas crenças consignadas do outro lado do Reno nos séculos XVIII e XIX nos fornece um pequeno apanhado das precauções a tomar e dos sintomas:[8]

> Quando um cadáver apresentar o rosto vermelho, um de seus amigos morrerá logo.
> Não se deve deixar cair lágrimas sobre um morto, senão ele não repousará em paz.

---

6 *Sammlung von Natur – und Medizingeschichten*, 9, 1919. p.114.
7 *Schesische Proninzial Blätter*, 31, 1801. p.274.
8 Extraímos as informações seguintes de Johann George Schmidt, *Die gestriegelte Rockenphilosophie oder aufrichtige Untersuchung derer von vielen superklugen Weibern hochgehaltenen Aberglauben*, 6 tomos em 2 volumes, Chemnitz, 1718-1722 (reed. Leipzig, 1988), e de J. Grimm, *Deutsche Mythologie*, 3 vol., Darmstadt, 1965, t. 3, número 397; 828; 935; 1060.

Deve-se dar tesoura e cesto de costura, com agulha, dedal, linha e carretel, a uma mulher morta de parto, senão ela voltará para buscar (Pforzheim, 1787).

Deve-se tomar cuidado para que o defunto deitado na maca não tenha um pedaço da mortalha na boca (Wurtemberg, 1788).

O descanso do morto exige que cada pessoa presente em torno do túmulo jogue nele três punhados de terra (Ansbach, 1786).

Coloca-se um punhado de terra ou uma plaqueta na boca do morto, a fim de que ele não possa pegar a mortalha com os dentes e atrair seus parentes (Ansbach, 1786).

Se um cadáver suspirar sobre a palha em que está deitado, se permanecer flexível, se engolir uma fita, pano ou ponta próxima, logo um parente o seguirá no túmulo.

Não se deve gritar o nome do defunto, senão ele acordará.

O coveiro deve cavar a fossa no dia do enterro, senão o morto não o deixará em paz.

Se, por descuido, os véus fúnebres forem colocados ao avesso sobre o catafalco, um membro da família morrerá.

No pano de fundo dessas crenças se perfilam dados essenciais: a noção de sacrifício ou de doação (os punhados de terra), a de vida que prossegue no além (o cesto de costura), a de ordem (disposição correta dos enfeites fúnebres), a de perigo de que o morto se transforme em mastigador. Acrescentemos que se a ponta dos dedos do defunto estiver azulada, um parente próximo expirará dentro em pouco. Quando se fala do morto, deve-se sempre acrescentar: "Que Deus o guarde!", ou uma frase que tenha o mesmo sentido, e nunca se deve chamá-lo três vezes pelo nome, senão ele aparece. O cadáver continua perigoso durante quarenta dias – ou até um ano, segundo os russos –, porque durante esse período o defunto volta para visitar sua residência.

No início do século XX, houve uma grande enquete do outro lado do Reno, feita pelos editores do *Atlas de etnologia alemã*, que enviaram questionários para todas as regiões e fizeram a síntese das respostas,[9] a qual nos permite constatar a perenidade das crenças. Para uma pergunta versando sobre: "Como se reconhece que um morto vai se transformar num ser maléfico que atrai para si os vivos?", houve 56 repostas. Embora a enquete não versasse especificamente sobre os vampiros, cinquenta relatos são pertinentes ao nosso assunto, enquanto os outros seis concernem à posição da pá do coveiro: esta indica quem será o próximo morto. Eis os índices pertinentes:

Olhos abertos .................................................................... 14
Boca aberta ........................................................................ 1
O corpo permanece flexível, conserva suas cores, sorri ........ 17
A sepultura não se compacta ............................................... 15
Alguém tropeça numa sepultura aberta ............................... 3

Outra maneira de proteger-se contra esses monstros é utilizar sortilégios cristãos, e o mais citado é o *Bilhete de são Lucas*, como neste testemunho datado de 1801:

> O corpo de Marguna Warlin, habitante de Ulischko, foi levado a Gross-Gorschütz, distrito de Oderberg, para ser enterrado. Como corria o boato de que essa mulher tinha uma tesoura nas costas, sendo, portanto, um suposto vampiro, o pastor do lugar mandou colocar debaixo de sua língua um *Bilhete de são Lucas*, tapar suas narinas com terra, deitá-la de bruços no caixão, com o rosto voltado para a terra, e enterrá-la sem cerimônia.[10]

Nesse caso, puseram em execução diversas medidas, o que prova que se poderia duvidar da eficácia do sortilégio, geral-

---

9 ZENDER, M. *Atlas der deutschen Volkskunde*. Neue Folge: Erläuterungen, t.l. Marbourg, 1959-1964. p.233-80. Cf. também WIEGELMANN, G. Der lebend Leichnam im Volksbrauch. *Zeitschrift für Volkskunde*, v.62, p.161-83, 1966.
10 *Schlesische Provinzial – Blätter*, 34, 1801, p.186. Na Silésia, a tesoura nas costas é a prova da feitiçaria e do vampirismo da pessoa examinada.

mente utilizado para curar doentes; fazia-se o paciente comer um bilhete em que estava inscrito:[11]

> J † N † R † J
> et verbum ca
> co factum est
> et habitavit
> in nobis.

As medidas cristãs são as mais numerosas.[12] Há aspersão de água benta, cuja finalidade Guillaume Durand, bispo de Mende no século XIII, define da seguinte maneira: não se visa "remir os pecados do defunto, mas repelir a presença de todos os espíritos imundos". Faz-se escorrer a cera de uma vela benta sobre o umbigo do cadáver, dispõem-se três pequenas cruzes de cera sobre ele, ou sal, ou se coloca um objeto metálico perto do morto, um ferro de passar, tesouras abertas, chaves, uma pinça, uma foice. Às vezes, colocam-se sobre a tampa do caixão um machado pesado, uma pedra ou colheres de estanho. Outras precauções são manifestamente destinadas a entravar a liberdade de movimento do *de cujus*: atavam suas mãos às costas; amarravam-no à maca. Na Dinamarca, amarravam juntos os dois dedões do pé com um barbante vermelho ou as pernas com um fio de seda preta, depois de plantar alfinetes na sola dos pés.

Uma vez que o movimento das mandíbulas provoca novas mortes, tenta-se impedi-lo amarrando a boca do defunto – medida inspirada pela realidade, já que se procede assim esperando que a rigidez cadavérica complete seu trabalho – ou, então, colocando nela uma moeda, caco de telha ou pedra que ele mastigará, o que não terá consequências nefastas. Parece, de fato,

---

11 Cf. LECOUTEUX, C. *Charmes, Conjurations et Bénédictions:* lexique et formules. Paris, 1996. (Essais 17), p.37.
12 Cf. GEIGER, P. Leiche. In: BÄCHTOLD-STÄUBLI, H. *Handwörterbuch des deutschen Aberglaubens*. 2.ed. Berlin & New York, 1987. t.5, col. 1024-60.

que a mortalidade está ligada essencialmente à devoração da mortalha ou à dos próprios membros do cadáver. Assim, as mandíbulas são impedidas de ir e vir colocando-se um montinho de terra debaixo do queixo do defunto ou um pedaço de madeira de faia sobre o qual foram gravadas três cruzes. Michaël Ranft, a quem devemos essas informações, acrescenta que também se aperta fortemente a garganta do cadáver com um lenço, para impedi-lo de engolir:

> De fato, há pessoas que colocam um punhado de terra recentemente remexida sob o queixo dos cadáveres a enterrar, para impedir a mastigação dos mortos e todos os seus efeitos desastrosos. Em Dresde, o costume requer que se amarre solidamente um lenço ou uma echarpe nos mortos, unicamente para tirar-lhes a possibilidade física de mastigar. Müller ... menciona o hábito que os papa-defuntos têm de colocar um punhado de terra sob o queixo dos defuntos e não o desaprova.[13]

É preciso finalmente que o defunto deixe sua residência com os pés para a frente, a fim de que não possa lançar um último olhar e sentir vontade de retornar.

O método mais antigo atestado – já se encontra no neolítico – é a inumação do corpo de barriga para baixo, com a boca voltada para a terra.[14] Essa forma particular de inumação é bem conhecida dos arqueólogos e atestada em toda a Europa. Encontra-se também do outro lado do Reno e tanto na Hungria como na Normandia, na Lorena e no Languedoc. Colocar o corpo com a boca virada para a terra é um meio de desviar a energia maléfica: em vez de escapar do túmulo, infiltrar-se-á na terra; de resto, se o morto for um mastigador, o que ele devorará primeiro será

---

13 RANFT, *De masticatione...*, op. cit., p.122 et seq.
14 Para toda essa apresentação, cf. KYLL, N. Die Bestattung der Toten mit dem Gesicht nach unten, *Trierer Zeitschrift für Geschichte und Kunst des Trierer Landes*, v.27, p.168-83, 1964.

a terra e os homens estarão salvos. Algumas vezes, é uma espécie de expiação póstuma, como no caso de Pepino, o Breve, que, segundo a *Crônica de Saint-Denis*, fez-se enterrar dessa maneira para resgatar os pecados de seu próprio pai, Carlos Martel.[15] Aplicou-se a todos os malfeitores e criminosos – foi uma forma de exclusão da comunidade – e aos suicidas que tinham pecado contra Deus, escolhendo essa forma de morte. Lembremos que o enterro normal é feito de costas, o que na Idade Média se chama *decubitus* dorsal, e com a cabeça para o oeste. Esses assassinos de si mesmos recebiam uma *sepultura asini*, um enterro desonroso. Esse castigo *post-mortem* destina-se também a impedir que o defunto se agregue à comunidade dos mortos: no além-túmulo, o criminoso ou o homem mau é tratado exatamente como entre os vivos e objeto do mesmo ostracismo. Cumpre assinalar, todavia, que a inumação de bruços não deve ser forçosamente interpretada sempre dessa maneira, já que foi utilizada na Idade Média pelos dominicanos de Guebwiller.[16] Pode ser uma característica de humildade e representar o morto em oração; sabemos, de fato, que os monges tinham o costume de orar deitados de bruços na igreja.

Se o defunto for um enforcado, morto malfeitor em potencial, deve-se colocar no seu túmulo a corda e o poste que foram usados; quando não se faz isso, o defunto volta todas as noites para bater na janela e gritar: "Devolvam minhas madeiras!", e não se tem sossego enquanto isso não for feito. A fim de que os defuntos não se tornem fantasmas (*strigoï*), colocam-se dentes de alho no seu caixão, na sua boca, no nariz e nas orelhas. Quando o defunto for um marginal, deve-se levá-lo para longe da aldeia e enterrá-lo sucessivamente em três encruzilhadas e, se

---

15 Cf. DIERKENS, A. La Mort, les Funéralles et la Tombe de Pépin le Bref (768), *Médiévales*, n.31, p.37-51, 1996.
16 Cf. ALEXANDRE-BIDON, D., TREFFORT, C., *A réveiller les morts...*, op. cit., p.190.

isso não bastar, queimá-lo e até deportá-lo, como foi o caso de um habitante de Riegersdorf por volta de 1900. Na Romênia, quando se suspeita que um defunto foi lobisomem (*vârkolac*), planta-se na sua mortalha um galho de espinhos, acreditando-se que isso o segurará quando ele quiser perambular fora do sepulcro. Quanto ao *moroiu*, deve-se irrigar seu túmulo com uma decocção de helianto. Pode-se também fornecer uma ocupação ao morto: para esse fim, colocam-se no caixão grãos de papoula, que ele deverá contar antes de poder sair, uma meia ou uma rede, que ele deverá desmanchar inteiramente, mas só poderá fazê-lo à razão de uma malha por ano, o que garante a tranquilidade dos vivos por muitos anos.

Para impedir a transformação de um defunto em fantasma, e mais precisamente em vampiro, trata-se seu cadáver de diversas maneiras. Coloca-se incenso nas narinas, a fim de que o morto não possa mais respirar; nos ouvidos, com o intuito de que não possa ouvir Satã; nos olhos, a fim de que não possa vê-lo; e na boca, com o intuito de que não possa revelar ao demônio o nome de seus parentes, medidas essas todas baseadas na crença de que é um diabo que possui o cadáver e o anima. Às vezes, coloca-se alho na boca e no ânus, ou pedriscos, ervilhas, grãos de trigo nas aberturas do corpo; no caixão, são dispostas nove pedrinhas, rosas silvestres, tranças de junco, a colher de polenta e, sobre o peito, uma cruz de espinhos. Quando se suspeita de que um morto vai se transformar em vampiro, colocam no caixão nove bonecas de manjerico, vinho, incenso, um ovo, pregos, areia e espinheiro. Transpassam o coração do defunto com uma cunha de carvalho, de freixo ou de teixo. O irmão sobrevivente nascido no mesmo mês deve entrar e sair três vezes do túmulo do irmão morto, a fim de que este não o devore.

Às vezes, cortam a cabeça do morto e a colocam a seus pés no túmulo, medida praticada em toda a Europa medieval. Na Valáquia, colocavam uma grande pedra sobre a cabeça do defunto. Nos subúrbios de Danzing (Gdansk), por volta de 1820, enterraram uma mulher numa encruzilhada, decapitaram-na e colocaram a cabeça debaixo de seu braço; às vezes, fazem um pequeno muro de terra entre o pescoço e a cabeça cortada. Mais a oeste, perto de Gandershein, pregaram a língua de um morto na sua própria boca. Em outros lugares, procede-se a uma verdadeira crucificação: os pés e as mãos são pregados no caixão e o corpo, transpassado com uma estaca ou longa agulha. Outras vezes, enfim, o defunto é encravado no seu caixão: uma lança atravessa este último de lado a lado.

Quando o morto é um feiticeiro, multiplicam-se as medidas e, no fim do século XII, Guillaume de Malmesbury (entre 1080 e 1142) nos relata as últimas vontades de uma feiticeira de Berkley. Temendo que os diabos levem seu cadáver, ela declara a seus filhos:

> Vocês, talvez, possam preservar meu corpo da seguinte maneira: envolvam-me numa pele de cervo, depois me coloquem num sarcófago de pedra e fixem sua tampa com chumbo e ferro; circundem essa massa de pedra com três correntes de ferro o mais pesadas possível, e, à noite, que cinquenta recitantes de salmos estejam presentes e, no mesmo dia, seja rezado o mesmo número de missas, para deter as irrupções violentas de meus adversários. Se eu puder passar assim três noites em segurança, coloquem, então, sua mãe na terra, embora eu tema que esta se recuse a me receber e me guardar em suas entranhas, ela que tantas vezes teve de suportar o peso de meus malfeitos.[17]

Essas precauções se revelam inoperantes e os demônios levam o cadáver. Por trás da cristianização de um fato, lê-se a crença de que essa morta pode voltar e, portanto, representa um perigo para os vivos, daí a tentativa de fechar o caixão tão hermeticamente que a feiticeira não possa sair dele. Como o cervo

---

17 Tradução do texto completo por LECOUTEUX, C. e MARCQ, Ph. *Les Esprits et les Morts*, op. cit., p.199-201.

é o símbolo de Cristo na simbologia cristã, sua pele deve ser um obstáculo para todos os malefícios, um verdadeiro filactério e até mesmo um exorcismo. Quanto ao ferro, este possui outra dimensão além de acorrentar: tem a reputação de pôr em fuga os espíritos.

Observemos que a empalação não se destina apenas aos vampiros. Antigamente, aplicava-se primeiro aos feiticeiros e, muitas vezes, aliada a outras medidas como a degolação. No início do século XIII, Saxon, o Gramático, nos apresenta uma narrativa já muito próxima dos relatos dos séculos seguintes. Depois do enterro de um certo Mithothyn,

> sua infâmia tornou-se manifesta já que, oh! espanto, todos os que se aproximavam de seu túmulo morriam subitamente. Além disso, miasmas pestilentos emanavam de seu cadáver ... Oprimidos por esse flagelo, os habitantes arrancaram o morto do túmulo, cortaram-lhe a cabeça e lhe transpassaram o peito com uma estaca pontuda. Foi assim que o povo pôs fim a suas desgraças.[18]

## Depois do enterro

Na Europa central e oriental, três dias depois da inumação, fincam-se três, cinco ou nove fusos sobre o túmulo, ou, então, colocam estopa e acendem. Aqueles que cumprem esse ritual semeiam ervilhas ou papoulas sobre o caminho de volta, dizendo: "O morto só voltará quando estes grãos retornarem à casa", ou ainda: "Que o fantasma coma todos os anos um destes grãos, e não o coração de seus parentes!". Não abordaremos os rituais cristãos, como o trintário, serviço funerário celebrado no trigésimo dia após o falecimento, visando facilitar a passagem do

---

18 *Gesta Danorum* I, 7, J. Olrik & Raeder, Copenhague, 1931. Esta passagem será retomada por Olaus Magnus na sua *Historia de gentis septentrionalibus*, no século XVI.

morto para o além, nem outras cerimônias comemorativas destinadas a satisfazer o morto.

Na Bulgária, o vampiro é nefasto tanto para a sua parentela como para o grupo do qual é oriundo: então é preciso eliminá-lo. Ele permanece identificável e localizável pelos parentes e pelos vizinhos durante o ciclo anual posterior ao falecimento, quando são efetuados os rituais de comemoração, três, nove ou quarenta dias após seu desaparecimento, ou ainda nos seis meses e até no ano seguinte. À medida que o tempo passa, ele se torna cada vez menos identificável e, quando se completa o ano, ele pode emigrar, refazer sua vida, casar-se e ter filhos, motivos que transparecem na novela de Polidori em que Lord Ruthven torna a casar-se legitimamente com a irmã de Aubrey.

## Proteger sua casa

Quando o doutor Abraham van Helsing quer proteger Lucy Westenra das mordidas do conde Drácula, ele traz um grande ramalhete de flor de alho e procede da seguinte maneira:

> Tudo o que o professor fez era absolutamente insólito, disse John Seward, e distante de qualquer farmacopeia existente. Primeiro, ele fechou cuidadosamente as janelas, cuidando para que ninguém pudesse abri-las; depois, pegando um punhado de flores, esfregou-as nas molduras, como se quisesse que o menor sopro de ar que entrasse no quarto por um interstício qualquer ficasse impregnado de odor de alho. Finalmente, foi esfregar também todo o batente da porta, em cima, embaixo e dos dois lados, assim como toda a parte externa da lareira.

Trata-se de impedir a entrada do vampiro, as aberturas pelas quais ele pode infiltrar-se são de certo modo seladas com alho. Essa maneira de proceder foi apenas uma das medidas utilizadas antigamente contra os fantasmas em geral.

Para manter o *vârkolac* a distância, os romenos recomendavam espalhar alho, funcho e incenso na cama, traçar uma cruz por cima com carvões extraídos do incensório ou desenhar "signos de Salomão", ou seja, pentagramas que, do outro lado do Reno, são chamados de "pés de feiticeira" e usados para afastar os pesadelos. Mas essas medidas valem também para os outros fantasmas e feiticeiras, que eram mantidos afastados untando-se de alho, em certas datas, todas as aberturas da casa (portas, janelas, lareiras, fissuras etc.); também viravam todos os pratos e comiam alho porque os fantasmas não suportam seu odor. Contra o *moroiu*, os romenos, por exemplo, esfregavam o portão, a porta, a janela e a chaminé da lareira com três cabeças de alho fornecidas por três casas diferentes, tudo isso pronunciando a seguinte conjuração:

> "*Moroiu*, afasta-te de minha propriedade e jamais ouses voltar para sujar meu lugar, meus animais e minha morada, meus filhos e a mim próprio! Afasta-te para regiões desertas, retorna para teu túmulo, de onde vieste, e não saias mais daí. *Amém*".

Na Dinamarca, suspendia-se a roda de uma velha roca acima do portão da chácara, porque se acreditava que o defunto só poderia entrar depois de dar em torno da casa tantas voltas quanto a roda tinha dado. Em quase toda a Europa ocidental, batiam à porta da casa depois que o defunto era levado ou plantavam dois machados em cruz no limite da propriedade.

Agora o leitor está de posse da primeira parte do vade-mécum do caçador de vampiros. Mas quando alguém ignora as informações que acabamos de dar, quando não sabe tomar as medidas adequadas, vê-se diante de um problema maior, o da mortalidade súbita e inesperada, da qual se deve procurar a causa e descobrir a origem.

# 7
# Identificar e matar o vampiro

> "A alegria diante da morte só pertence àquele para o qual não existe o além."
>
> Georges Bataille

Existem, felizmente, várias maneiras de identificar vampiros, e o doutor Abraham van Helsing não é o único especialista na matéria! De maneira geral, devemos distinguir quatro etapas que correspondem às fases das manifestações: as mortes em cascata, a identificação do vampiro, a abertura do sepulcro e a eliminação pela morte.

## As mortes em cascata

A primeira etapa se inicia com um sinal que não permite engano: uma pessoa da vizinhança morre ou, então, ocorrem várias mortes sucessivas, sem que para isso haja razões aparentes. Pensa-se em epidemia, pestilência, como se dizia antigamente. Como declara um eremita em *A família do vurdalak* de Tolstoi:

"O vampirismo é contagioso ... muitas famílias são atingidas por ele, muitas famílias foram mortas até o último membro". Le Fanu nos explica como essa calamidade se propaga:

> Para começar, tomem um território perfeitamente isento desse flagelo. Como começa e se multiplica? Vejam. Uma pessoa mais ou menos perversa põe fim à própria vida. Um suicida, em certas circunstâncias, se tornará vampiro. Esse espectro visitará os seres vivos durante o sono; estes morrerão e quase todos invariavelmente se transformarão em vampiros em seus túmulos.

No século XVIII, o senhor da ilha de Saint Michel destaca:

> Uma pessoa acometida de langor, perde o apetite, emagrece a olhos vistos e, ao fim de oito a dez dias, às vezes quinze, morre sem febre e sem nenhum outro sintoma de doença, a não ser a magreza e o ressecamento. Na Hungria, dizem que é um vampiro que se fixa nessa pessoa e lhe suga o sangue. A maioria daqueles que são acometidos por essa melancolia sombria fica com o espírito perturbado e julga ver um espectro branco que os segue por toda parte, como a sombra do corpo.[1]

Portanto, os homens de antigamente interpretam fatos, que hoje nos pareceriam claros, em função de uma longa tradição de crenças que não dão lugar a nenhuma dúvida. É assim que se propaga a crença no vampirismo, ao passo que, ao que tudo indica, estamos diante de uma simples epidemia, que essas pessoas chamavam de "peste" na falta de um diagnóstico preciso.

Desde a década de 1730, espíritos esclarecidos tentaram demonstrar que essas mortes eram devidas à epidemia.[2] Jean Christophe Harenberg sustenta "que os vampiros não matam os vivos e que tudo o que se debita a eles só deve ser atribuído à

---

1 Citado por PLANCY, Collin de. *Dictionnaire infernal*, op. cit., p.679.
2 WEITENKAMP, J. F. *Gedanken über wichtige Wahrheiten aus der Verminft und Religion*. Brunswick, 1754.

perturbação da imaginação dos doentes".[3] Retomando as informações médicas e a descrição dos sintomas, os pesquisadores chegaram a algumas hipóteses sobre essa doença: trata-se do cólera – daí os rostos rubicundos dos vampiros –, da peste ou, ainda, da raiva...[4]

## A identificação do vampiro

### O estrangeiro

Cumpre assinalar que há três maneiras de identificar um vampiro: a primeira é a aparição de um desconhecido inquietante; para saber quem é ele, analisa-se seu comportamento segundo critérios estabelecidos. Na Europa central, reconhece-se o monstro pela claudicação, sua dentadura de ferro, incapacidade de contar além de três e pelo ofício que exerceu quando vivo: se foi açougueiro ou sapateiro. É um homem de tez vermelha e, entre os eslavos, a locução "vermelho como um vampiro" *(cervoni jak vesci)* designa uma pessoa rubicunda, enquanto "gordo como um vampiro" caracteriza um homem pesado. Essas particularidades permitem reconhecer o vampiro desconhecido, isto é, que não fez parte da comunidade, o estrangeiro. O leitor notará também que todas essas características correspondem exatamente àquilo que René Girard chama de "signos vitimários", isto é, todos os indícios que incitam uma comunidade a tornar um indivíduo o bode expiatório quando sobrévem um flagelo.

---

3 HARENBERG, Joh. Chr. *Vernünftige und Christliche Gedancken über die Vampire oder Blutsaugende Toten.* Wolfenbüttel, 1733.
4 Dracula, un enragé? *Pour la Science,* nov. 1998: resenha de um artigo publicado na revista *Neurology* e devido a Juan Gomez-Alonso, neurologista do hospital Xeral em Vigo.

## A forma do falecimento

A segunda maneira ocorre por ocasião do falecimento. Quando se tem uma dúvida sobre a boa morte de uma pessoa, apela-se para um especialista, habitualmente uma parteira, para examinar o corpo de um defunto, e ela se provê de tudo o que é necessário a fim de que o morto não retorne. Na Grécia, um *alaphostratos* – homem dotado de segunda vida, capaz de ver os espíritos e, portanto, de saber se o corpo está mesmo no túmulo – acompanha o padre. A suspeita dos vivos é despertada por sinais que não enganam: o corpo permanece flexível, vermelho e conserva os olhos abertos ou semicerrados. Em 1748, um trabalhador rural chamado Glowatsch morreu em Lonkau, na Alta-Silésia: no dia seguinte, ele ainda não se encontrava rígido. Ele voltou, atormentou e pressionou os criados e as criadas. O conselheiro do parlamento e o médico não puderam demover os habitantes de sua crença.[5] Em 1779, um jornal silesiano relatou como um homem chegou a uma casa onde acabara de ocorrer um falecimento; ele encontrou a família angustiada e ficou sabendo que alguém da família não tardaria a morrer, já que o corpo não se tinha enrijecido.[6]

O motivo dos olhos abertos foi muito bem explorado por Bram Stoker. Quando Jonathan Harker encontra o caixão do conde Drácula, eis o que ele descobre:

> Lá, numa das grandes caixas colocadas sobre um monte de terra recentemente remexida, jazia o conde! Se estava ele morto ou se dormia, eu não poderia dizer, porque seus olhos estavam abertos, pareciam petrificados; mas não vidrados como na morte, e as faces, apesar da palidez, conservavam o calor da vida; quanto aos lábios, estavam tão vermelhos como de hábito. Mas o corpo per-

---

5 Cf. KLAPPER, J. Die schlesischen Geschichten..., op. cit., p.83.
6 *Bunzlauer Monatsschrift*, 1779, p.297.

manecia sem movimento, sem nenhum sinal de respiração, e o coração parecia ter cessado de bater.

Quando abrem o túmulo de Carmilla, seu corpo possui todos os vestígios de vida:

Os traços, apesar de decorridos cinquenta anos desde a inumação, estampavam as cores ardentes da vida. Os olhos estavam bem abertos; nenhum odor cadavérico exalava do caixão. Os dois médicos, um oficial e o outro acompanhando o diretor do inquérito, atestaram o fato espantoso de que se percebiam uma fraca mas real respiração e um correspondente batimento do coração. Os membros estavam perfeitamente flexíveis, a carne, elástica: o caixão de chumbo estava repleto de sangue, a uma altura de uns dez centímetros; o corpo mergulhava nele. Lá se encontravam as provas inegáveis de vampirismo.

## O túmulo

O terceiro modo de identificação intervém quando se tem a certeza de que um vampiro está em atividade nas vizinhanças, comportando dois grandes momentos: a identificação do túmulo que abriga essa criatura, passo indispensável para poder agir, e, depois, a abertura do sepulcro e a utilização de meios radicais de eliminação. No mito moderno, esses dois momentos constituem o auge das narrativas e ocorrem em lugares afastados e inquietantes, aqueles que o cinema depois popularizou: casa ou cemitério abandonado, cripta de um castelo em ruínas... mas isso é literatura, porque os relatos de antigamente nos revelam que tudo se passa nos lugares conhecidos por todos e que remetem à topografia do vilarejo.

Tomemos a novela de Théophile Gautier: vemos Romuald e o abade Sérapion que, em plena noite, chegam ao cemitério em que Clarimonde está enterrada: à luz de uma lanterna velada, eles acabam por encontrar uma pedra meio escondida pela vegetação e coberta de musgos e plantas parasitas ... As corujas empoleiradas sobre as criptas, incomodadas pelo brilho da lanterna, vinham golpear fortemente o vidro com suas asas poeirentas, lançando gemidos queixosos

enquanto o abade Sérapion cava.

Finalmente, a picareta de Sérapion atingiu o caixão cujas pranchas ecoaram com um ruído surdo e sonoro, aquele ruído terrível que o vácuo produz quando se toca nele; ele derrubou a tampa e avistei Clarimonde pálida como mármore, de mãos juntas; seu branco sudário formava uma só dobra da cabeça aos pés. Uma pequena gota vermelha brilhava como uma rosa no canto de sua boca descorada.

Note a delicadeza do autor: ao contrário de Carmilla, Clarimonde não repousa num banho de sangue; tampouco apresenta cores. A primeira merece o nome de morta-viva, a segunda, não! Cada escritor tratou a cena de acordo com sua própria sensibilidade, mas Théophile Gautier, nesse ponto, se afasta dos testemunhos antigos e não descreve nada de chocante: sua Clarimonde é antes comovente na sua beleza tranquila.

Na Europa central, reconhece-se a última morada do vampiro porque possui um buraco pelo qual ele entra e sai; ou, então, porque as estrelas caem sobre ela. A experiência seguinte é espetacular: os habitantes se reúnem no cemitério e um garanhão branco ou negro, um touro ou um ganso deve passar sobre todos os túmulos do cemitério; se o animal se recusa a transpor um deles, tem-se a certeza de que contém um vampiro que é preciso matar. Na Valáquia,

> escolhe-se um rapaz, que deve montar em pelo num garanhão, totalmente negro; levam o jovem e o cavalo ao cemitério; eles passeiam sobre todas as sepulturas. Aquela em que o animal se recusa a passar, apesar das chicotadas que lhe aplicam, é vista como contendo um vampiro. Segundo o capitão L. de Beloz, na Hungria,

vê-se sobre seu túmulo "uma luz semelhante à de uma lâmpada, mas menos viva".[7]

Em outros países, os sinais distintivos desses túmulos suspeitos são contraditórios: aqui, afirma-se que a terra do túmulo não desmorona, não se compacta; ali, ao contrário, dizem que sim, sinal de que o morto saiu. Nos séculos XVII e XVIII, o especialista é, na maioria das vezes, um coveiro, já que seu ofício o levou a distinguir os defuntos "normais" de outros que não o são. Em 5 de agosto de 1665, um deles, Hans Bürgel, foi interrogado pelas autoridades de Michelsdorf, condado de Glaz, na Silésia, que lhe fizeram três perguntas: "Como e por quais sinais podia ele saber que aqueles corpos não estavam corretos? Como ele soube antes de abrir os túmulos? A mesma coisa não podia ocorrer com o corpo de pessoas insuspeitas?". Eis a resposta de Bürgel tal como foi conservada nos arquivos da cidade de Wroclaw (Breslau):

> À primeira pergunta, ele respondeu que os reconhecia pelo sangue em que estavam mergulhados, pela pele nova que tinha nascido sobre a antiga e pelas unhas que tinham crescido sobre as antigas.
> À segunda pergunta, respondeu que possuía uma erva que lhe permitia reconhecer todos os túmulos suspeitos quando a comia. Mas os reconhecia também sem comê-la quando chegava ao cemitério. Não revelou nada mais ...
> À terceira pergunta, respondeu que era impossível que os corpos normais repousassem no sangue e possuíssem pele e unhas novas, já que elas se decompunham ...
> Declarou também que havia uma diferença entre os sete corpos exumados: quatro possuíam espíritos tão fortes que não se podia dominá-los imediatamente; o espírito de outro corpo era de força média e o dos dois últimos cadáveres, muito fraco; essas três

---

[7] CALMET, D. *Dissertation...* op. cit., p.92.

últimas pessoas, pouco antes da morte, deviam ter sido desencaminhadas por pessoas frívolas e não tinham enfeitiçado ninguém.

O que Hans Bürgel entende por "espírito" hoje permanece vago, mas não era assim antigamente. O termo designa, na verdade, a aptidão para seguir uma certa forma de vida, e ele nota a presença de algo no cadáver – *anima, animus ou spiritus*. É essa força que impede o corpo de decompor-se. Deve-se notar aqui que essa força é a mesma que impede a decomposição do corpo de alguns santos, por mais estranha que possa parecer a comparação. Na lenda de são Quirino, tal como é contada no quadro existente numa capela que lhe é consagrada no mosteiro de Tergernsee, na Baviera, pode-se ler estes versos:

> Três bispos de direito divino
> e numerosos padres,
> com recolhimento,
> colocaram neste caixão
> são Quirino, o padroeiro.
> Quando um padre chamado Rimbert
> o tocou, imediatamente
> do suave corpo
> uma grande quantidade de sangue rubro
> escorreu vivamente,
> como vemos ainda nos relicários.[8]

Num contexto diferente, se tinha havido uma epidemia ou mortes suspeitas, como teriam interpretado essa efusão de sangue, a não ser como traço de vampirismo! Esse exemplo nos revela toda a importância das circunstâncias em que tais fatos ocorrem. Todavia, Quirino foi martirizado por ordem do imperador Cláudio, sucumbiu para o triunfo da verdadeira fé; sua

---

8 Munich, Museu nacional da Baviera, *Inventário n. 2623*, quadro 22/271. ca.1510.

morte, portanto, não o faz ingressar na categoria dos mortos maléficos e desejosos de vingar-se, então a fluidez de seu sangue é um milagre divino, e não mais um prestígio diabólico...

Os feiticeiros e as feiticeiras estão predispostos a tornar-se vampiros, mas, felizmente, quando são tirados do túmulo, pode-se reconhecê-los por certos sinais como uma mancha de vinho no pé, uma tesoura nas costas ou, ainda, porque nasceram com longos dentes, um dente que avança sobre os outros ou até mesmo uma dupla fileira de dentes. Outros vampiros presumidos se reconhecem pelo lábio fendido e a ausência de nariz.

Outro meio infalível de identificação é a nudez do corpo exumado. Em 1572, abriram a tumba de uma mulher de Rhezur, na Polônia, e constatou-se que ela estava nua, de onde se concluiu que tinha devorado as próprias roupas.[9] Acrescentemos um detalhe que já fez correr rios de tinta no século XVIII e que os relatórios oficiais evocam com meias palavras por razões que se compreendem: quando se trata do corpo de um homem vampiro, seu pênis está em ereção, um detalhe que os romancistas jamais ousaram retomar por razões de decoro. Entretanto, eruditos como Michaël Ranft debruçam-se sobre a questão e avançam explicações médicas e físicas: "O pênis, de natureza esponjosa, pode erguer-se espontaneamente se um líquido ou um sopro penetrar na artéria hipogástrica".[10] Esse pênis em ereção é, certamente, a prova de que esses defuntos fora do comum possuem pulsões sexuais que os incitam a atacar as mulheres, e já vimos anteriormente vários casos de fantasmas que desejam ter relações com suas respectivas mulheres: o leitor encontrará uma prova suplementar no apêndice documental. Um último detalhe não deixa dúvida: barba, cabelo, pele e unhas que se re-

---

9 MANNHARDT. Über Vampyrismus, op. cit., p.265; RANFT. *De masticatione...* op. cit., p.121.
10 RANFT, *De masticatione* ..., op. cit., p.103: W. S. G. E., *Curieuse und sehr wunderbare Relation...*, 1732, p.6.

novaram, interpretados antigamente como sinais certos da vida vegetativa do cadáver. Por vezes, pretende-se até que a palma das mãos do vampiro esteja coberta de pelos, um meio de sublinhar sua alteridade.

O mito moderno, graças a Le Fanu, introduz um novo elemento: dentição particular. Quando o ambulante avista a heroína da narrativa e Carmilla na janela do castelo, ele nota os dentes desta última e declara: "Sua nobre amiga, a jovem senhorita à sua direita, tem o dente mais afiado que pode existir, longo, fino, pontudo, como um estilete, como uma agulha". E no romance de Bram Stoker, Jonathan Harker, ao descrever Drácula, observa: "O conde ... recuou sorrindo com um sorriso que me pareceu de mau agouro e que me deixou ver melhor ainda seus dentes proeminentes", e as três mulheres vampiros que o surpreendem dormindo numa poltrona têm "dentes de uma brancura resplendente e brilhavam como pérolas entre seus lábios rubros e sensuais". Todos hão de se lembrar do ator Christopher Lee que, nos filmes baseados no romance de Bram Stoker, exibia dois caninos de bom tamanho...

Existe, enfim, um tema introduzido pelos romancistas do século XIX: a ausência do corpo no caixão quando se abre o túmulo à noite. Em Bram Stoker, é um momento decisivo: a prova de que Lucy Westenra é um vampiro. Abraham van Helsing chega ao cemitério com o doutor Seward, Arthur, o noivo de Lucy, e Quincey Morris, e entram todos na cripta:

> Ele [Van Helsing] pegou sua chave de fenda, retirou a tampa do caixão. Arthur observava, muito pálido, e não dizia nada. Assim que a tampa foi retirada, aproximou-se mais perto ainda do caixão. Com toda a evidência, ele ignorava que havia um caixão de chumbo; quando viu a fissura feita nele, o sangue lhe subiu por um instante ao rosto, mas, quase imediatamente, voltou a ficar pálido; permanecia sempre silencioso. Van Helsing levantou o pedaço de chumbo; todos nos olhamos e estremecemos de horror. O caixão estava vazio!

## A eliminação do vampiro

A eliminação do vampiro representa o ápice do horror e do pavor nos romances góticos e no cinema. Em *A morta amorosa*, Théophile Gautier soube recriar admiravelmente a ambiência que reina nesse instante. Nenhum *happy end* em Tolstoi: o herói escapa da família de vampiros, mas não o elimina. Por sua vez, Sheridan Le Fanu prepara o leitor para a cena final, deixa-o preparado fazendo um guarda florestal falar: "Por que este povoado foi abandonado", perguntou o general. "Ele era assombrado por fantasmas, senhor. Vários deles foram perseguidos até o túmulo e exumados, segundo o costume, depois destruídos pelo machado, a estaca e o fogo". E o homem começou a contar uma história da qual possuímos diversas variantes desde o século XVIII:

> Após todos os procedimentos legais, com tantos túmulos abertos e vampiros privados de sua horrível existência, o povoado ainda não ficou livre. Mas um fidalgo da Morávia que viajava por aqui ouviu falar da situação e, hábil como muitos de seus compatriotas nessa matéria, ofereceu-se para libertar os habitantes do flagelo. Eis como ele procedeu: como a lua estava clara aquela noite, ele subiu na torre da capela de onde podia avistar distintamente o cemitério. De lá, espreitou um vampiro até que este saísse de seu túmulo: viu-o depor o lençol branco com o qual o tinham enterrado e deslizar até o povoado para martirizar os habitantes. O estrangeiro desceu, então, do campanário, pegou o sudário do vampiro e levou-o para o alto da torre sobre a qual se instalou novamente. Quando o vampiro voltou de sua expedição e não encontrou mais sua vestimenta, dirigiu-se raivoso ao morávio que ele avistava no alto da torre e que, em resposta, fez-lhe sinal para subir. O vampiro aceitou o convite. Assim que ele chegou ao patamar do campanário, o morávio rachou-lhe o crânio com um golpe de espada, jogou o corpo no cemitério, depois, descendo tranquilamente a escada de caracol, decapitou-o; no dia seguinte, ele entregou a cabeça e o cadáver aos habitantes que o empalaram e queimaram conforme a lei.

Esse relato baseia-se num acontecimento ocorrido em Egwanschitaz, na Morávia, por volta de 1617; aí, o vampiro foi morto com um golpe de enxada, depois cortado em pedaços. É de se notar o destaque dado à legalidade do procedimento, que remete à "realidade" das exumações de vampiros silesianos, húngaros e sérvios do século anterior: não se cogita de profanar túmulos levianamente, tudo deve desenvolver-se nas formas e com o consentimento das autoridades. Le Fanu também fala disso quando se abre o túmulo de Carmilla: "No dia seguinte, as formalidades legais tiveram lugar na capela dos Karnstein", e a heroína da narrativa declara:

> Meu pai possui uma cópia do processo da Comissão Imperial, assinado e referendado por todos os que estavam presentes nesse inquérito e que fizeram a constatação. Foi dessa peça oficial que eu extraí o relatório dessa penosa e última cena.

Um detalhe recorrente permanece, todavia, bem misterioso: por que os vampiros são obrigados a deixar suas mortalhas sobre o túmulo? Por ora, contentar-nos-emos em formular uma hipótese: é a marca do seu novo estado, de seu novo estatuto de morto; ora, quando partem para atacar os vivos, eles transgridem esse estatuto, e o sudário representa, talvez, o elo que os une ao túmulo, a menos que seja apenas uma ficção destinada a facilitar sua eliminação. Roubar essa vestimenta faz que caiam numa armadilha e percam o que lhes resta de vida.

Em Bram Stoker, assistimos a duas eliminações: a de Drácula, morto por um golpe de punhal em pleno coração: "Foi como um milagre: sim, diante de nossos olhos e no tempo de um suspiro, o corpo inteiro se reduziu a pó e desapareceu" – o tempo retoma seus direitos e faz seu trabalho –, e a de Lucy, sua vítima, e, neste caso, a narrativa é notável:

> Arthur pegou a estaca e o martelo, e quando se sentiu firmemente decidido a agir, suas mãos não tremeram nem um pouco,

nem sequer hesitaram. Van Helsing abriu o missal e começou a ler; Quincey e eu lhe respondemos da melhor maneira possível. Arthur colocou a ponta da estaca sobre o coração de Lucy, e eu vi que ela começava a penetrar levemente na carne branca. Então, com o martelo, Arthur bateu com todas as suas forças.

O corpo, no caixão, se pôs a tremer, a se torcer em terríveis contorções; um grito rouco, de gelar o sangue, escapou dos lábios rubros; os dentes pontudos se afundaram nos lábios a ponto de cortá-los, cobrindo-os com uma espuma escarlate. Mas em nenhum momento Arthur perdeu a coragem. Ele parecia o deus Thor, enquanto seu braço firme subia e descia, afundando cada vez mais a estaca misericordiosa, e o sangue jorrava do coração transpassado e se espalhava ao redor.

Para apreciar a contribuição dos escritores, é necessário poder comparar seus dizeres com os de seus predecessores. O mais antigo relato de eliminação de um vampiro, então chamado de "sanguessuga", pode ser lido na *Crônica*, de Guillaume de Newbury (1136-1198). Um marido traído volta depois da morte, embora tenha recebido uma sepultura cristã:

À noite, com efeito, saindo de seu túmulo por obra de Satã, perseguido por um bando de cães soltando latidos horríveis, ele voltava às praças públicas e rondava as casas ... Infectado pelas emanações desse corpo repelente, o ar enchia todas as casas de doentes e mortos, porque respiravam essa pestilência. Todos se reuniram em assembleia a pedido do padre local.

Enquanto essas pessoas comiam, dois irmãos, que tinham perdido o pai por causa dessa epidemia, tomaram a palavra e se encorajaram mutuamente: "Esse monstro, diziam eles, causou a perda de nosso pai, e logo causará a nossa se não tomarmos cuidado. Pratiquemos um ato viril, não só por prudência para nos salvar, como para vingar a morte violenta de nosso pai. Nada nos impede, aproveitemos que na casa do padre estão no meio da refeição e toda a cidade está calma como se estivesse deserta. Vamos desenterrar esse flagelo e queimá-lo!". Então, pegando uma enxada bem afiada, chegaram ao cemitério e se puseram a cavar. Depois de tirar muito pouca terra, quando pensavam dever cavar mais profundamente, o cadáver subitamente apareceu. Ele estava inchado a ponto de apresentar uma dimensão enorme, com um rosto vermelho e inflado para além de qualquer medida. A mortalha que o envolvia parecia ter sido dilacerada de dentro. Nada assustados, os rapazes animados pela cólera aplicaram um ferimento nesse corpo inanimado: imediatamente saiu tal quantidade de sangue que ficou evidente que ele tinha sido a sanguessuga de muitas pessoas. Os jovens arrastaram, então, o cadáver para fora da cidade e armaram rapidamente uma fogueira. Um deles disse que um cadáver portador de peste não podia queimar enquanto seu coração não fosse extraído, então o outro abriu o flanco do corpo com repetidos golpes de sua enxada afiada, enfiou a mão e arrancou o coração maldito que foi feito em pedaços na mesma hora ... A partir desse momento, após a destruição dessa besta infernal, a peste que fazia furor entre a população se acalmou, como se o fogo, que tinha feito desaparecer o cadáver de maneira terrível, tivesse purificado o ar das impurezas devidas às perambulações do fantasma pestilento.[11]

Notemos que a execução do morto inclui a extração do coração, considerado o "motor" do corpo e que, sem isso, ele não pode ser incinerado. Essa maneira de proceder é apenas mais uma dentre outras. Nós a reencontramos por volta de 1920 em Bucovina (Romênia), onde teria acontecido o seguinte fato: próximo a Cusmir, várias mortes seguidas ocorreram numa mesma família. As suspeitas recaíram sobre um velho, já morto havia muito tempo. Quando o exumaram, encontraram-no encolhido e todo vermelho, afinal não tinha ele devorado toda a sua família, homens jovens, fortes e saudáveis? Quando quiseram removê-lo do túmulo, ele resistiu horrivelmente. De-

---

11 NEWBURY, Guillaume de. *Historia rerum Anglicarum* v.24. Ed. R. Howlett. In: *Chronicles of the reign of Stephen, Henry II and Richard I*, t.l. London, 1884. p.479-82: tradução completa do texto e comentário em Lecouteux e Marcq, *Les Esprits et les Morts*, op. cit., supra, p.179-83.

ram-lhe um golpe de machado e o tiraram da sepultura, mas não conseguiram abrir seu corpo com uma faca. Pegaram, então, uma foice e uma machadinha, tiraram-lhe o coração e o fígado e os queimaram, depois fizeram os doentes bebê-los. Beberam e se restabeleceram. O velho foi enterrado de novo e ninguém mais sucumbiu.[12]

Entre as medidas tomadas para se livrar dos vampiros presumidos, medidas que não são romanescas, mas correspondem à realidade dos narradores, o desmembramento do cadáver é frequentemente evocado desde 1592 (cf. apêndice documental) e só desaparece no início do século XX. Julgue-se por este testemunho romeno:

> Há cerca de quinze anos, a velha mãe do camponês Dinu Georghita morreu na aldeia de Amarash, ao norte de Dolj. Alguns meses mais tarde, os filhos de seu filho mais velho começaram a morrer um após o outro e, depois, foi a vez de seu filho caçula. Os filhos ficaram com medo, abriram o túmulo uma noite, cortaram o corpo em dois e o recolocaram no lugar. Apesar disso, a mortalidade não cessou. Abriram, então, o túmulo pela segunda vez, e o que viram? O cadáver estava intacto, sem um único ferimento! Era um grande assombro. Eles o pegaram, levaram para uma floresta e o colocaram sob uma árvore num canto perdido dos bosques. Lá, o abriram, tiraram-lhe o coração, de onde escorreu sangue, cortaram-no em quatro, jogaram sobre um fogo de carvão [de madeira] e o queimaram. Recolheram as cinzas, misturaram com água e deram-na às crianças para beber. Lançaram o cadáver nas chamas, incineraram-no e enterraram as cinzas. A mortalidade cessou.[13]

No mito moderno, encontramos outros modos de eliminação. O mais "suave" ainda é a bênção do cadáver uma vez aberto o sepulcro:

---

12 MURGOCI, A. The Vampire in Roumania, *Folklore*, v.14, p.326, 1926.
13 Ibidem.

Sérapion [escreve Théophile Gautier] aspergiu de água benta o corpo e o caixão, sobre o qual traçou a forma de uma cruz com o aspersório. A pobre Clarimonde nem teve tempo de ser tocada pelo santo orvalho e já seu corpo se desfez em pó; nada mais era que uma mistura horrivelmente informe de cinzas e de ossos semicalcinados.

É apenas literatura! Collin de Plancy e Dom Calmet citam o caso de um vampiro grego que se dissolve no mesmo instante em que o patriarca faz o sinal da absolvição. Num conto russo recolhido por Afanassiev, o vampiro morre quando se diz: "Deus faça que tu pereças!".[14] O socorro da religião não é absolutamente necessário: numa aldeia próxima de Gdansk, um vampiro se desfez em pó com um estertor quando o decapitaram...

Não se deve pensar que a empalação seja o apanágio dos vampiros, visto que se aplica aos defuntos cujo retorno é particularmente temido. Na Bélgica, no povoado de Tergnée, perto de Gilly, escavações feitas numa capela trouxeram à luz cinco caixões atravessados de um lado a outro por um prego grosso na altura do peito; pertenciam aos senhores de Faciennes, inumados na metade do século XVIII. Eram do conde Charles-Joseph de Batthyany, de sua esposa, Anne de Wadstein, filha de um landgrave da Boêmia, e de seus filhos mortos de fraqueza,[15] o que era eminentemente suspeito e justificava a precaução tomada.

Já que o mito moderno transformou a Romênia na pátria dos vampiros, examinemos o que nos deixaram as crenças locais, notadamente no que concerne aos *murony*. Enfiam-lhe uma grande agulha no crânio, untam-no em diversos pontos com a banha de um porco abatido no dia de santo Inácio, cinco dias antes do Natal, e colocam sobre ele uma estaca espinhosa de rosei-

---

14 Citado por STURM, D., VÖLKER, K. *Von denen Vampiren*. Munchen, 1994. p.513.
15 Cf. MARKALE, J. *L'Énigme des vampires*. Paris, 1991. p.55 ss.

ra selvagem do comprimento de um sapato, que o impedirá de sair do túmulo já que a mortalha enroscará nela.

Para matá-lo, apela-se para os serviços de um matador especializado: estrangeiro, muçulmano, cigano – em Bram Stoker, os ciganos são os auxiliares de Drácula e não parecem temê-lo –, homem nascido num sábado ou filho de vampiro. Na Romênia, ele é desenterrado e um homem nascido num sábado lhe enfia no coração uma estaca untada de alho – então, o morto emite gritos terríveis e escapa sangue do seu coração, negro como nafta –, depois seu coração é cozido em vinho e o transpassam com uma agulha. Às vezes, desmembram o corpo e o dão de comer aos animais selvagens, ou, então, queimam somente o coração, ou este e o fígado. As famílias abastadas irrigam o cadáver com vinho e o repõem na terra, com o rosto voltado para o solo. Finalmente, enterram um galo no túmulo – seu canto põe em fuga os espíritos –, para que o morto deixe de voltar. Na Moreia, desmembravam os *brucolaques* e, depois, os cozinhavam em vinho.

Não se deve absolutamente pensar que a eliminação do vampiro é tarefa simples: esses sanguessugas têm sete fôlegos! No século XVI, Mysslata, um pastor da aldeia de Cadan, na Boêmia, foi suspeito de vampirismo e sua eliminação deu lugar a manifestações espantosas como relata Charles Ferdinand de Schertz no seu tratado *Magia posthuma*:

> Para pôr fim a seus males, os habitantes da aldeia e das vizinhanças se reuniram, deliberaram, mandaram desenterrá-lo e lhe atravessaram o corpo com uma estaca de carvalho, mas ele apenas riu de tudo isso – ele, ou melhor, seu fantasma, porque no inferno ele não devia ter muita vontade de rir – e declarou: "Pensam que me aplicaram um bom golpe, mas na verdade me forneceram um porrete com o qual me defenderei melhor dos cães!". E voltou na noite seguinte e perseguiu as pessoas ainda mais que antes. Entregaram-no ao carrasco que o levou numa carroça para queimá-lo fora da aldeia. O cadáver urrava como um louco furioso, mexia os pés como se estivesse vivo e, quando em seguida o atravessaram

com estacas, ele gritou e espalhou grande quantidade de belo sangue vermelho. Foi finalmente reduzido a cinzas e nunca mais apareceu nem atacou as pessoas.

Belo testemunho! Como o morto exumado grita e se agita, os eruditos emitiram explicações simples e límpidas: "O ar que se encontra preso no cadáver, e que sai com violência, produz necessariamente esse ruído ao passar pela garganta", quando se atravessa o coração com uma estaca; todavia, eles não convencem o homem do povo, longe disso! Segundo outro documento, trataram da seguinte maneira o cadáver de Martin Weimar, feiticeiro da região de Landeshut, em 1671: desenterraram-no e ataram-lhe as mãos nas costas, mas, como isso se revelou ineficaz, decapitaram-no, reduziram-no a cinzas e muraram seu túmulo.[16]

Possuímos uma boa "reportagem" sobre um caso de vampirismo, no qual as medidas ancestrais confinam com as práticas cristãs. O defunto é um espancador, um devorador e um fornicador:

> Em 1672, essa localidade – o burgo de Krinck – viveu um acontecimento extraordinário: desenterraram o corpo de um morto chamado Giure (Georg) Grando, depois, com um ritual particular, cortaram-lhe a cabeça para que ele deixasse as pessoas em paz. Com efeito, após o falecimento do referido personagem, uma vez enterrado em conformidade com os usos cristãos, foi visto perambulando por esse mesmo burgo na noite seguinte ao seu enterro. Começou por aparecer ao padre Georges, um monge de Saint-Paul-l'Ermite, que tinha rezado a missa fúnebre e o enterrado. Quando esse monge quis entrar em casa depois de participar do almoço funerário com a viúva e os amigos do defunto, viu o morto sentado atrás da porta e fugiu aterrorizado. Em seguida, Grando apareceu a muitos de seus amigos à noite, quando perambulava

---

16 Citado por KLAPPER. Die schlesischen Geschichten..., op. cit., p.80 et seq.

pelas ruas e batia à porta das casas, às vezes aqui, outras vezes ali, em consequência do que diferentes pessoas morreram. Com efeito, das residências onde ele batia, logo saía um defunto. Ele se dirigiu também à casa de sua viúva, dormiu realmente com ela, e esta, horrorizada, acabou indo procurar Miho Radetich, o magistrado do lugar, demorando-se ali para pedir ajuda contra seu falecido esposo. O magistrado convocou, então, alguns vizinhos corajosos, serviu-lhes bebida e os convenceu a socorrer a viúva para pôr fim àquele flagelo, uma vez que Georg ou Giure Grando já tinha devorado vários de seus vizinhos, atirava-se em cima de sua mulher todas as noites e abusava dela. Decidiram, então, atacar o noctâmbulo e fazê-lo perder o gosto de manifestar-se. Segundo o magistrado, eles eram nove, com duas lanternas e um crucifixo, e abriram o túmulo. Descobriram que o rosto do cadáver estava vermelho; que os olhava sorrindo e que abriu a boca. Aqueles belicosos matadores de fantasmas sentiram tanto medo que fugiram todos como se fossem um só. O magistrado ficou muito pesaroso ao constatar que nove vivos eram incapazes de aniquilar um morto, transformados em coelhos medrosos por causa de um único olhar. Ele os repreendeu e os incitou a voltar de novo ao túmulo e tentar transpassar o ventre [do cadáver] com uma pontuda estaca de espinheiro. Contudo, a estaca sempre ricocheteava. Entrementes, o magistrado convocou um padre que mostrou o crucifixo ao morto e lhe falou assim: "Olha aqui, vampiro! Olha aqui Jesus Cristo que nos livrou do inferno e morreu por nós. E tu, vampiro, tu não podes encontrar repouso" etc. E esse exorcista ou necromante[17] pronunciou ainda muitas outras palavras semelhantes. Lágrimas jorraram, então, dos olhos do cadáver. Todavia, como não puderam empalar o corpo, Micolo Nyena, um habitante de Mehrenfelss, dispôs-se a cortar-lhe a cabeça com uma enxada, mas como era muito medroso e fazia tudo timidamente, o preboste Milasich, mais valente, interveio e fez voar a cabeça do morto. Nesse instante, este soltou um grito, virou-se como se estivesse vivo e encheu o túmu-

---

17 O texto utiliza o vocábulo *Todten = Redner*, isto é: "Aquele que fala aos mortos".

lo de sangue. Feito isso, os nobres executores voltaram para casa e, daí por diante, Grando deixou em paz sua mulher e as outras pessoas.[18]

Lendo as diferentes narrativas sobre a expedição *ad patres* dos vampiros, constatamos que apenas atestam a perenidade de crenças e medidas antigas aplicadas somente aos fantasmas. Como estudamos esses indivíduos em outro livro,[19] contentar-nos-emos aqui em tomar o exemplo de um defunto particularmente teimoso, notando que, outrora, livrar-se de um morto não era fácil, que enxada, machado e espada certamente o feriam, mas que eles se restabeleciam, e somente a incineração seguida da imersão das cinzas em água corrente é que tinha efeito definitivo. Eis o caso do chamado Thorolf, o Estropiado, que viveu por volta do ano 1000. Homem malfeitor, ele não repousou em paz e, quando caía a noite, não era nada bom estar fora de casa. O animal que se aproximava de seu túmulo morria, os pássaros que passavam por cima pereciam; Thorolf matou um pastor que foi encontrado com todos os ossos quebrados; frequentava a sala de seu antigo domicílio, atacava a todos e as pessoas fugiam, depois perceberam que todos esses mortos formavam um bando. Desenterraram-no, então, para ir enterrá-lo mais longe, afastado dos homens e dos animais, e tiveram grande dificuldade para levar o corpo até sua nova morada: ele era horrível e enorme. Thorolf continuou com suas más ações, então o desenterraram de novo e o queimaram. Um outro fantasma, Klaufi, cujo comportamento era semelhante, foi desenterrado, seu corpo não estava decomposto; ele foi queimado e suas cinzas colocadas numa caixinha de chumbo, fechada com dois ganchos de ferro e depois jogada numa fonte.

---

18 Citado por HARMENING, D. *Der Anfang von Dracula. Zur Geschichte von Geschichten.* Wurzbourg, 1983. p.63 et seq.
19 Cf. LECOUTEUX, C. *Fantômes et Revenants au Moyen Âge*, op. cit., p.98-102.

A eliminação dos vampiros é inteiramente ritualizada: cada etapa da operação se desenvolve segundo um procedimento bem ancorado na realidade: há intervenção das autoridades, às quais se pedem socorro e proteção; estas autorizam a exumação, designam os executores, às vezes os acompanham ou nomeiam representantes. Quando as medidas tradicionais parecem fracassar, busca-se um padre, mas às vezes é o contrário, o que atesta certa repugnância em mutilar um cadáver, ato durante muito tempo considerado um crime pelos legisladores. Matar o vampiro é uma ação jurídica, às vezes precedida de um processo em que o morto é acusado de perturbação ou de assassinato; o tribunal ouve as testemunhas, mas, nos documentos que examinamos, não há nenhum vestígio da existência de um advogado de defesa, e por vezes a família se opõe vigorosamente à exumação ou interpõe um recurso, como foi o caso em 1801. Suspeita de ser feiticeira, fato que teria sido presumido pela presença de tesouras nas costas, Marguna Warlin, da qual já falamos, foi enterrada de bruços depois que lhe encheram o nariz de terra e lhe colocaram na boca um *Bilhete de são Lucas*. Sua filha deu queixa e o vigário de Gross-Gorschütz mandou exumar o corpo; como não encontraram nele nenhuma tesoura, tiraram-lhe a terra do nariz e o bilhete, depois lhe deram um funeral cristão em 15 de maio, na presença do tribunal comunal.[20]

Uma vez julgada a causa, e o defunto reconhecido como culpado – muitas vezes sob a pressão dos habitantes que ameaçam partir ou fazer justiça com as próprias mãos –, chama-se o carrasco e, se não houver nenhum no lugar, mandam vir de fora ou nomeia-se um executor. Conforme o lugar e a época, o desenrolar da execução é mais ou menos "bárbaro", como vimos.

Um procedimento já tinha sido adotado bem antes de Maria Teresa promulgar sua proibição de executar os mortos em

---

20 Citado por KLAPPER, J., op. cit.

1755. Em 1667, num burgo ao norte de Neisse, na Silésia, quatro defuntas foram acusadas de ser responsáveis pela morte de vinte pessoas. Em 9 de maio, o médico municipal, Christoph Geller, examinou os corpos exumados em companhia de um barbeiro de nome Caspar Lübecken, e os considerou suspeitos "em razão da presença de sangue fresco". Para saber o que fazer, dirigiram-se ao bispo de Breslau, que ordenou ao conselho municipal que procedesse a outras perícias no prazo de oito dias; como estas não se revelaram probantes, enterraram os corpos de novo.[21]

Eis aqui o testemunho do conde de Cabreras em 1730. Depois de ter encontrado um fantasma na casa de um húngaro que o hospedava, um

> soldado informou primeiro o regimento, e o regimento avisou os oficiais generais, que nomearam o conde de Cabreras, capitão do regimento de infantaria de Alandetti, para dar informações sobre esse fato. Transportando-se para o local com outros oficiais, um cirurgião e um auditor ouviram o depoimento de todas as pessoas da casa, que atestaram de maneira uniforme que o fantasma era pai do dono da propriedade, e que tudo o que o soldado tinha dito e relatado era a verdade exata; o que foi imediatamente atestado por todos os habitantes do lugar. Em consequência, mandaram desenterrar o corpo desse espectro e o encontraram como um homem que acaba de expirar e o seu sangue como o de um homem vivo. O conde de Cabreras mandou decapitá-lo e recolocá-lo no túmulo. Ele deu informações também sobre fantasmas semelhantes, entre outros o de um homem morto há mais de trinta anos, que tinha voltado três vezes à sua casa na hora das refeições, tinha sugado o sangue do pescoço, a primeira vez de seu próprio irmão, a segunda, de um de seus filhos, e a terceira, de um empregado da casa; e todos os três morreram em seguida. Com esse depoimento, o comissário mandou desenterrar esse homem, e encontrando-o como

---

21 Cf. LAMBRECHT, K. *Hexenverfolgung...* op. cit., p.398 et seq.

o primeiro, com o sangue fluido como o de um homem vivo, ordenou que lhe passassem um prego grande na têmpora e, em seguida, que o recolocassem no túmulo. Mandou queimar um terceiro, que estava enterrado havia mais de dezesseis anos e tinha sugado o sangue e causado a morte de dois de seus filhos. O comissário fez seu relatório aos oficiais generais que o enviaram à Corte do Imperador, que, por sua vez, ordenou o envio de oficiais de guerra e de justiça, médicos e cirurgiões, além de alguns cientistas para examinar as causas desses acontecimentos.[22]

Tudo deve ser feito dentro da estrita legalidade e os tabus da Igreja devem ser respeitados. O papa Bonifácio VIII promulgou uma lei *Contra as detestáveis exumações dos túmulos*, e, desde a alta Idade Média, numerosos textos jurídicos tratam do castigo dos profanadores de sepulcros. Em vez de desenterrar os mortos suspeitos, retarda-se sua inumação: "Às vezes, adia-se por seis ou sete semanas o enterro dos corpos de pessoas suspeitas. Quando elas não apodrecem e seus membros permanecem flexíveis e maleáveis como se estivessem vivos, então são queimadas".[23]

Não se deve absolutamente julgar que tais atos se situam num passado distante! Em 1874, um habitante de Rhode Island (Estados Unidos) exumou o corpo de sua filha e queimou seu coração julgando que ela ameaçava a vida dos outros membros da família; na mesma época, uma morta acometida de tuberculose sofreu a mesma sorte, mas, neste caso, queimaram-lhe os pulmões. Em 1899, camponeses de Krassowa, na Romênia, desenterraram cerca de trinta cadáveres e os desmembraram para pôr fim a uma epidemia de difteria, e, em 1912, um granjeiro húngaro, atacado por fantasmas, foi ao cemitério, colocou três dentes de alho no cadáver, três pedras na boca e o fixou ao solo transpassando-o com uma estaca.[24] Esses são apenas alguns

---

22 Citado por CALMET, D. *Dissertation...* op. cit., p.76 et seq.
23 Ibidem, p.69.
24 Cf. JONES, E. *Le Cauchemar*. Paris, 1973. p.108.

exemplos de um *corpus* que comporta mais de cem, unicamente para os séculos XIX e XX! Podemos nos contentar com esses casos, já que os testemunhos, relatos e processos são muito repetitivos. Seu único interesse é nos permitir fazer a cartografia da difusão da crença, sua extensão e localização.

De um ponto de vista antropológico, a eliminação do vampiro é perfeitamente comparável ao que René Girard chama de "assassinato coletivo"[25] e corresponde exatamente ao esquema que ele elaborou a propósito do mito de Édipo:

1. Um flagelo se abate sobre uma comunidade.

2. Para lhe dar um fim, a comunidade procura o responsável; as línguas se soltam, as pessoas rememoram fatos que pareceram anódinos, cuja soma confirma as suspeitas que apontam para um morto.

3. Arrolam-se "os sinais vitimários" que, no mito do vampiro, se relacionam com o aspecto físico do defunto, com a hora e o dia de seu nascimento ou, ainda, com sua profissão, em suma, com tudo o que contribuiu para tornar o morto um ser marginal em vida.

4. A comunidade inteira toma parte na execução por intermédio de um representante – carrasco ou executor designado pelos magistrados.

O desenvolvimento desse processo, que torna um desaparecido um bode expiatório, é, em todos os pontos, semelhante ao da acusação contra uma feiticeira. Diante de um flagelo, a comunidade se congrega, elimina coletivamente o fautor de perturbação, em suma: exorciza o mal, extirpa o tumor de seu seio. Nos documentos que examinamos, a pressão da *vox populi* é citada mais de uma vez e as autoridades são obrigadas a curvar-se diante dela se não quiserem ver uma localidade esvaziar-se. Tudo se passa como se a comunidade tivesse necessidade de

---

25 GIRARD, R. *Le Bouc émissaire*. Paris, 1996.

proceder a um assassinato coletivo a intervalos regulares, de purgar-se de suas taras e suas angústias apontando uma vítima em seu seio. Foi justamente esse aspecto que René Girard distinguiu bem em numerosos mitos. Ele explica por que as epidemias de vampirismo surgem quando se extinguem os últimos fogos em que queimam as feiticeiras, e voltaremos a falar disso mais adiante. Ele esclarece também a sobrevivência dos vampiros nos romances e no cinema.

## Como se curar da mordida de um vampiro?

A mordida de vampiro provoca perda de sangue que leva à morte. Bram Stoker explora a fundo essa situação e nos mostra Lucy Westenra mantida viva graças a transfusões repetidas, mas o conde Drácula acaba por ganhar a partida. Em geral, a vítima só se restabelece quando o vampiro desaparece: "Tornaram a jogá-lo na cova com a força da cal viva, para consumi-lo mais rapidamente", declara L. de Beloz a propósito de um vampiro executado, "e então, sua sobrinha, que tinha sido sugada duas vezes, melhorou de saúde".[26] Abraham van Helsing, falando das vítimas de Lucy, declara:

> As crianças cujo sangue ela sugou ainda não estão em estado desesperador; mas se, não morta, ela continuar a viver, elas perderão cada vez mais sangue, já que, obedecendo ao poder que ela exerce sobre elas, as crianças a procurarão cada vez mais; com sua boca odiosa, tirará delas até a última gota de sangue. Ao contrário, se ela morrer realmente, todo o mal cessará; os leves ferimentos desaparecerão da garganta das crianças.

Stoker nada mais fez do que extrair a lição dos testemunhos antigos e dar-lhes uma forma literária pungente.

---

26 Ibidem, p.93.

Os documentos de nosso *corpus* nos propõem outras medidas pouco agradáveis: os parentes inalam a fumaça do corpo que é incinerado; pode-se também deglutir uma mistura feita das cinzas do vampiro ou resultante da cremação do coração ou do fígado, ou, então, oh! paradoxo, inverter os papéis e beber o sangue do vampiro. Por volta de 1750, essa "medicina" era utilizada na Prússia oriental e possuímos um bom relato de um acontecimento que a sugere sem realmente mencioná-la, o que pode significar duas situações: ou todo mundo compreende o que é dito por meias palavras, ou dissimula-se o fato por ser considerado repreensível nessa época:

> Na Prússia ocidental, um membro da nobre família dos Wollschläger morreu em meados do último século. Vários de seus parentes o seguiram rapidamente para o túmulo e de maneira inesperada, sem que a causa da morte fosse esclarecida. Lembraram-se imediatamente de que o rosto do defunto não tinha perdido seu rubor e se convenceram de sua natureza de vampiro. Reuniu-se o conselho de família e foi decidido que Joseph de Wollschläger devia decapitar seu falecido tio. Nessa época, Joseph, falecido em 1820, em idade avançada, como diretor do distrito, era ainda um homem jovem. Acompanhado de um monge do claustro dos bernardinos de Jacobsdorf, cada um segurando uma vela, ele desceu na cripta do mosteiro onde estava inumado o defunto.
> 
> Abriram o caixão e puxaram o corpo para que seu pescoço se apoiasse na borda da urna. O movimento natural que a cabeça faz ao balançar para trás inspira ao monge tamanho terror, que ele deixa cair sua vela e foge. Embora sozinho agora, Joseph de Wollschläger não perde a consciência e separa a cabeça do corpo com o machado que trouxe, mas um pujante jato de sangue jorra ao seu encontro e apaga a última vela. Numa escuridão quase total, com dificuldade consegue recolher um pouco de sangue num copo e voltar com ele para casa. O ato destinado a preservar os seus quase lhe custou a vida: com efeito, pouco depois de seu retorno, foi acometido por uma doença perigosa que o manteve à beira do túmulo durante mais de seis meses. Até hoje se vê, na cripta do claustro de

Jacobsdorf, exatamente na câmara mediana onde se encontra o túmulo dos Wollschläger, o corpo com a cabeça entre os pés.[27]

Por que se dar ao trabalho de recolher o sangue num recipiente se não for para dar de beber àquele ou àqueles que sofrem de uma afecção misteriosa?

Outro relatório confirma essa medida profilática. O intendente do conde Simon Labienski, estaroste da Posnânia, morreu e foi inumado, mas, por causa de manifestações suspeitas no seu túmulo, retiraram o cadáver da tumba para lhe cortar a cabeça. O morto rangeu os dentes e deixou sair um belo sangue fluido; embeberam um lenço branco no sangue do defunto e todos os da casa ingeriram-no para não ser atormentados. Outro método: come-se pão feito com o sangue que escorreu do cadáver do vampiro, o que Dom Calmet reprova porque considera tal prática um malefício destinado a expulsar outro,[28] no que é acompanhado por outro doutor parisiense que observa:

> Parece que não se deve permitir que abram os túmulos, que cortem a cabeça, que abram o coração de um defunto, que recolham o sangue de seu corpo, que façam pão com ele ou que o bebam, nem que façam nenhuma das coisas mencionadas, por qualquer razão que seja e sob qualquer pretexto que seja. Parece que se trata de práticas más e supersticiosas que foram inventadas ou ensinadas pelo demônio e não têm em si mesmas nenhuma virtude nem eficácia para diminuir ou suprimir semelhante perseguição do demônio.[29]

Passagem bem reveladora das mentalidades de antigamente! Nota-se na leitura a utilização do verbo "parecer", bela ex-

---

27 VON TETTAU, W. A. J., TEMME, J. D. H. *Die Volkssagen Ostpreubens, Litthauens* und Westpreubens, Berlin, 1837. Reimpr. Hildesheim, New York, 1994, p.275 ss.
28 CALMET, D. *Dissertation...* op. cit., p.28.
29 Ibidem, p.284.

pressão da desordem que atinge os espíritos esclarecidos do século XVIII à vista de manifestações tão estranhas quanto aterrorizantes.

# 8
# Perguntas e respostas

> "Aperta tua boca contra minha boca,
> O sopro do homem é divino!
> Eu bebo, eu aspiro toda a tua alma
> Porque os mortos são insaciáveis..."[1]
>
> Heinrich Heine

Personagem nem morto nem vivo, que frequenta as regiões do além, mas permanece em meio aos homens, capaz de sair de dia e de noite, reunindo em si todos os contrários, ódio e amor, bem e mal, transgredindo todas as normas, redentor e danador, "Cristo negro que pretende dar a Vida na morte",[2] emanação das forças das trevas, possuído por uma fome e sede monstruosas, habitado pelo temor e desejo de morrer, temendo a solidão,

---

[1] Palavras pronunciadas pela bela Helena quando o doutor Fausto a faz voltar do além-túmulo.
[2] MICHOUX, C. Magie, dent et vampirisme, *Frénésie*, v.3, p.208, 1987. Essa dimensão blasfematória assume toda a sua força no filme de Coppola.

o vampiro suscitou mil perguntas para as quais os homens de antigamente apresentaram algumas respostas.

## A emergência do vampirismo

Não é por acaso que, historicamente, os vampiros florescem no século XVIII. Sob as invectivas da Razão, a religião recuou e sua concepção da vida e da morte volta a ser posta em causa. A ciência é o novo dogma que deve explicar as engrenagens do mundo e livrá-lo do "amontoado de superstições". Entretanto, os homens continuam a comungar nas antigas crenças e, desde 1743, vemos Emmanuel Swedenborg dialogar com os mortos e os anjos. Essas noções que os racionalistas atacam não desaparecem porque estruturam o pensamento, veiculam uma mensagem de esperança, consolação e justiça, em suma, desempenham importante papel no seio da sociedade. A negação da transcendência foi, de fato, substituída pela "religião da humanidade", pela "utopia de um futuro radioso" próprio das doutrinas materialistas.

Nessa época, a medicina se interessa muito particularmente pela morte e sua definição para evitar, entre outras coisas, o enterro de pessoas ainda vivas, mas em estado de catalepsia e apresentando todos os sinais clínicos dos mortos. Um pequeno tratado de Jacques Bénigne Vinslow sobre esse assunto surge em Paris, em 1742, acompanhado dos comentários de outro médico, Jacques-Jean Bruhier. Para os cientistas da época, os mastigadores, por exemplo, são indivíduos enterrados vivos que, no seu desespero, devoraram as mãos e a mortalha.

Para outros cientistas, como F. Garmann (1640-1708), que nos deixou um curioso tratado sobre *Os milagres dos mortos* (*De miraculis mortuorum*), é a morte e, depois, o corpo morto que são objetos de estudos, e as pesquisas desembocam em duas grandes constatações. Philippe Ariès as resumiu assim:

No sono e na morte, há concentração da alma fora do corpo, e não que a alma esteja espalhada por todo o corpo ... A segunda tese, conforme a filosofia da Escola, é de que a vida não é nem matéria nem substância, é a forma: *ipsissima rei forma*. É luz e origem (*initium formale*), uma origem que é sempre dada a cada vez pelo Criador, como o fogo pelo sílex.[3]

Voltaremos a esses pontos mais adiante.

Há também outro fator histórico que desempenhou importante papel e que eruditos como Gábor Klaniczay e Karin Lambrecht[4] descobriram há pouco tempo. A emergência do vampirismo coincide exatamente com o fim da caça às bruxas na Europa e tomou o seu lugar, como se as pessoas daquele tempo tivessem necessidade de exorcizar seus temores, necessidade de uma explicação para os males que as atingiam, aquelas epidemias repetidas de peste ou de cólera. A comparação minuciosa entre as execuções de bruxas e as de vampiros revela um mesmo *modus operandi* e um mesmo pano de fundo mental, e Eva Pócs mostra bem, por meio de documentos húngaros, o papel que as bruxas desempenharam voltando após a morte e disseminando doenças.[5]

Ademais, a acusação principal lançada contra os vampiros é a de bruxaria, bastando lembrar o título que Charles Ferdinand de Schertz dá ao seu estrondoso tratado: *Magia posthuma*! Os vampiros aparecem como bruxas mortas cuja atividade perniciosa foi ignorada em vida e cujo verdadeiro caráter se manifesta

---

3 ARIÈS, Ph. *L'Homme devant la mort*. Paris, 1977. p.348 ss.
4 KLANICZAY, G. Decline of witches and rise of vampires in 18th century Habsburg Monarchy, *Ethnologia Europaea*, n.17, p.165-80, 1997; LAMBRECHT, K. *Hexenverfolgung und Zaubereiprozesse in den schlesischen Territorien*. Köln, Weimar, Wien, 1995.
5 Cf. PÓCS, E. *Between the living and the dead. A perspective on witches and seers in the early Modern Age*. Budapest, 1997, p.42; sobre o parentesco entre vampiros, feiticeiros, lobisomens e pesadelos, p.79, 119, 142, 163 ss.

após a morte, e os sinais que seu corpo apresenta quando se abre o túmulo são os mesmos dos sugadores de sangue. Aqui também as explicações são muito simples: a terra se recusa a recebê-las; o demônio lhes fornece uma vida particular em virtude do pacto que elas concluíram com ele em vida, e vê-se a prova disso quando as medidas cristãs utilizadas se mostram eficazes. E quando não o são, é um sinal da grande força do diabo, e então se destrói pelo fogo o vetor de suas maleficências.

A passagem da repressão da bruxaria para a eliminação do vampirismo é particularmente nítida no fim do século XVI. Em 1572, em Lossen, perto de Brieg, uma mulher é desenterrada:

> Em 17 de julho, os camponeses e a comunidade autorizaram a exumação de uma mulher que tinha sido uma bruxa danada e estava morta; ela mastigava no túmulo a tal ponto que se ouvia de longe. Cortaram-lhe a cabeça com uma enxada e enterraram tudo à parte. Ela tinha devorado a própria mortalha.[6]

Certamente podemos também evocar um caso que teve grande repercussão no império austro-húngaro, na confluência dos séculos XVII e XVIII, o caso de Erzebeth Bathory, chamada de condessa sangrenta, verdadeiro vampiro humano que pretendia rejuvenescer e revigorar-se banhando-se com o sangue de mulheres jovens que ela mandava torturar e matar no seu castelo de Csejthe, distrito de Nyitra, no noroeste da Hungria. Conta-se que um dia do ano de 1586 ou 1587, um jovem pálido vestido de negro chegou ao seu castelo; ele tinha olhos e cabelos negros e longos caninos, então pensaram que se tratava de um vampiro; ele teria vampirizado a condessa, uma maneira de explicar o comportamento monstruoso da mulher.[7] Aqui a história se mistura com a lenda, mas imagina-se que os resultados da perquirição do castelo, empreendida pelo conde Thurzo acom-

---

6 LAMBRECHT, K. *Hexenverfolgung...*, op. cit., p.392 et seq.
7 Cf. DELORME, R. *Les Vampires humains*. Paris, 1979.

panhado pelo vigário de Csejthe em 29 de dezembro de 1610, foram conhecidos por todos e que as línguas trabalharam muito nas cabanas!

## A opinião dos teólogos

Para os teólogos, o vampiro, que põe em causa a dualidade alma/corpo, sendo uma ofensa às leis naturais, é um pecador morto sem remissão, um excomungado. Seu cadáver é, então, uma presa fácil para os demônios e se ele parece voltar à vida é porque estes o possuem e o animam. Na Moldávia, é o espírito maligno chamado *drakul* que se encarrega de fazê-lo – daí para Drácula, o vampiro, há apenas um passo! Os eclesiásticos e suas ovelhas têm a prova da justeza dessa explicação vendo o corpo voltar ao pó quando recebe a absolvição e a bênção. A possessão é certamente a mais antiga teoria apresentada pela Igreja para dar conta do fenômeno e, desde o século XII, encontramos frases como: "O diabo ... animou seu próprio receptáculo",[8] daí a utilização da cruz, da hóstia e da água benta para pôr Satã em fuga. O cavaleiro Ricaut observa, por volta de 1740,

> que os gregos julgam que um espírito mau entra no corpo dos excomungados que morrem nesse estado e que os preserva da decomposição, animando-os e fazendo-os agir, quase como a alma anima e faz agir o corpo.[9]

Mas se o diabo pode apoderar-se dos corpos e animá-los é porque eles não foram inumados como deveriam, segundo os ritos cristãos, ou, então, foram excomungados, e a maldição que a Igreja lança neste último caso é muito clara: "Que a madeira, as

---

8 NEWBURY, Guillaume de. *Historia rerum Anglicarum* V, 24, op. cit.
9 Citado por CALMET, D. *Dissertation...*, op. cit., p.141.

pedras e o ferro se dissolvam, mas que os excomungados jamais possam fazê-lo!".[10] O vampiro é esse indivíduo *de facto*, o além o rejeita e a terra se recusa a consumi-lo. Ele é banido da sociedade dos mortos e da dos vivos, maldito pela eternidade, e suas ações podem ser interpretadas como vingança.

A idade da Razão e das Luzes admite a existência dos espíritos e do diabo: "Por vezes, certamente, a aparição pode produzir-se independentemente do indivíduo, já que um espírito provavelmente é capaz de assumir no ar um corpo fantástico".[11] Não constatamos nenhum progresso notável em relação à Idade Média, e as ideias da Igreja ainda têm força de lei, mas mesmo assim é espantoso ler em 1728:

> Não contestaremos que o diabo, às vezes, esteja nos cemitérios investido de um poder importante, mas isso não acontece com muita frequência porque, como comumente se pensa, Deus quer preservar os túmulos das pessoas piedosas e mantê-las indenes da malícia e das malvadas zombarias do diabo. Portanto, nos locais em que foram cometidos assassinatos ou massacres, não negamos que alguém possa ver espectros e possa ouvir tumultos diversos, ruídos fúnebres, palavras de lamento ou gemidos ...[12]

O diabo, verdadeiro *deus ex machina*, tem costas largas, sua ação serve para justificar a existência de fantasmas, espíritos e *poltergeister*, e é bem nítida a separação entre os defuntos justos e os pecadores: encontramos aqui a distinção primária e fundamental entre falecidos honrados e mortos malfeitores, entre boa morte e morte má. Em 1610, em Braunseifen, um cadáver suspeito foi confiado à guarda de um pastor que declarou que "o diabo se mostrava muito poderoso nesse corpo", e, a pedido de

---

10 Cf. W.S.G.E. *Curieuse und sehr wunderbare Relation, von denen sich neuer Dingen in Servien erzeigenden Blutsaugern oder Vampyrs*, 1732, p.64 et seq.
11 RANFT, M. *De masticatione...*, op. cit, p.33.
12 Ibidem, p.40.

seus próprios filhos, foi incinerado em 6 de maio.[13] Mesmo em 1728, nos círculos eruditos e clericais, considera-se que os mortos possam vingar-se. M. Ranft afirma que não é o caso de admirar-se se Peter Plogojovitz matou nove pessoas depois de sua morte: "Talvez ele tenha tido muitas querelas com seus vizinhos, que o haviam enchido de tanto ódio contra eles, que ele não podia encontrar repouso nem na morte".[14] De tudo isso resulta que, tanto hoje como ontem, acredita-se que os defuntos ainda possuem vida suficiente para agir, desde que exista uma forte razão impedindo-os de encontrar descanso.

## A opinião do corpo médico

Para os cientistas, médicos e fisiologistas, o vampiro não passa de um cadáver que possui uma vida, uma força vegetativa – *vis vegetativa* –, cuja prova se encontra no crescimento das unhas, dos pelos e até mesmo da pele. A ausência de decomposição de certos cadáveres exumados, considerada pelo povo em geral prova do vampirismo do defunto, explica-se, segundo eles, pela natureza do lugar em que foram enterrados, e os exemplos citados são verificáveis por todos: fluidez do sangue, rubor do rosto etc.

A imaginação é a primeira acusada pelos espíritos esclarecidos, e Michaël Ranft retoma as teorias do médico italiano Scaliger (1484-1558) sobre esse ponto:[15]

> Somos, entretanto, obrigados a confessar que as forças da imaginação são, às vezes, bastante poderosas para fazer a doença evoluir para a morte. Scaliger merece ser citado aqui por suas reflexões sobre as doenças imaginárias: "A doença da imaginação cha-

---

13 Cf. LAMBRECHT, K. *Hexenverfolgung...*, op. cit., p.394.
14 Ranft, M. *De masticatione...*, op. cit, p.120.
15 Ibidem, p.114.

ma-se *phrénétis*, quando as fantasias invadem o espírito. Outra doença da imaginação que os gregos chamaram de *korubantiasmos*, o coribantismo, afeta aqueles que, dormitando de olhos abertos, não podem dormir em paz, por causa das imagens e dos ruídos que lhes enviam os coribantes (sacerdotes de Cibele), a crermos na superstição dos antigos".

Sua explicação da visão dos mortos pelos vivos é decididamente moderna. Atribuída a "uma imaginação muito ardente" repousa sobre

> a sensação de imagens vindas do defunto que, por seu intermédio, teria agido sobre eles com tanta força que eles acabariam por morrer de delírio frenético ou de outra doença do mesmo gênero. Os sobreviventes, temendo sofrer a mesma sorte, viraram e reviraram na cabeça as palavras dos moribundos e, quando julgaram ouvi-los dizer, entre outras coisas, que o defunto tinha vindo a eles e os tinha atormentado de todas as maneiras, decidiram exumar o cadáver e saber por que ele voltava para torturar os moribundos mandando-lhes visões tão medonhas.[16]

Tudo se passa, então, na cabeça das pessoas e essa constatação baseia-se, sobretudo, no fato de que são primeiro os membros da família, depois os amigos próximos, que são atacados pelos vampiros. O que Ranft não diz, mas para nós é evidente, é que os sobreviventes dispõem de uma chave de leitura baseada sobre precedentes e que tudo o que lhes acontece é reinterpretado em função dela!

Ranft sintetiza as ideias de seu tempo e propõe a seguinte conclusão:

> Entretanto, pode-se deduzir que a separação da alma e seu afastamento do corpo definem de maneira específica a morte do homem, que deve ser distinguida da morte do corpo em si ... O ho-

---

16 Ibidem, p.112.

mem é composto, como sabemos, de duas partes essenciais, a alma e o corpo. Quando uma parte desaparece, o homem cessa de ser um homem, mas nem por isso a alma cessa de ser uma alma e o corpo cessa de ser um corpo.[17]

Ele se apoia nos escritos de Théodore Craanen, que afirma

que não se deve pensar que o corpo humano morre porque a alma se retira do corpo; é antes porque o corpo se retira do espírito que ele morre, na medida em que os órgãos requeridos para uma vida completa e controlada são alterados e corrompidos a ponto de que o espírito não pode mais servir-se deles para enviar suas ordens através do corpo e cumprir suas funções.[18]

E Ranft conclui:

Assim, enquanto o corpo destrutível existe, pode também encerrar em si uma espécie de vida, se não em consideração ao organismo inteiro, pelo menos em consideração a certas partes homogêneas entre si.[19]

Uma certa forma de vida é assim reconhecida no cadáver e explica que as manifestações dos vampiros e outros fantasmas só cessam quando o corpo está totalmente destruído. Os sugadores de sangue e os mastigadores são espécies de zumbis sem alma, segundo essas teorias, mas o paradoxo subsiste já que eles podem dedicar-se às suas malvadezas, sinal de que o cérebro ou o espírito transmite ordens aos membros. Na verdade, as teorias científicas só explicam tudo aquilo que procede da "vida vegetativa do cadáver", o crescimento das unhas, da barba etc.

Ranft também não exclui a magia e refere-se a Johann Kozack para dizer: "Inúmeras pessoas puderam igualmente invo-

---

17 Ibidem, p.71 et seq.
18 Ibidem, p.84.
19 Ibidem, p.86.

car um espírito natural e elementar capaz de sugar leite e sangue". As outras explicações de Ranft têm um caráter bem moderno que podem interessar aos psiquiatras e outros analistas. Ele evoca a mordida do remorso, o que corresponde à noção atual de trabalho de luto, assim como o medo. Retomando o exemplo de Peter Plogojovitz, que citamos anteriormente, ele dá a seguinte explicação:

> Esse bravo homem pereceu de morte súbita ou violenta. Essa morte, seja ela qual for, pode provocar nos sobreviventes as visões que os visitaram após seu desaparecimento. A morte súbita provoca inquietação no círculo familiar. A inquietação tem a tristeza por companhia. A tristeza gera a melancolia. A melancolia engendra as noites sem sono e os sonhos angustiantes. E esses sonhos enfraquecem o corpo e o espírito até que venham a doença, e depois, para terminar, a morte.[20]

O que suscitou mais reflexão foi a ausência de sinais de decomposição em certos cadáveres, fato cientificamente observável, mas não pertinente. Para alguns, é indício de santidade, para outros, marca de diabolismo. Segundo Garmann, "sobre os cadáveres daqueles que viveram na retidão e na honestidade, os vermes não terão nenhum direito e eles não serão reduzidos a pó até a hora que precede a ressurreição dos mortos".[21] Tal fato pode ser devido à natureza do solo em que o morto está enterrado, mas também à data de nascimento da pessoa: "Existe no curso de qualquer ano três dias e três noites bem particulares: 27 de janeiro, 30 de janeiro e 13 de fevereiro; o corpo de quem nasce nessas datas permanecerá incorrupto até o último dia", declara o barão de Valvassor. Johann Joachim Becher é mais

---

20 Ibidem, p.115 et seq.
21 GARMANN, L. C. F. *De miraculis mortuorum*, Dresden & Leipzig, 1660. Reeditado em Dresden em 1709.

"científico" quando nota que "os seres secos e quentes dificilmente apodrecem; melhor ainda, alguns jamais apodrecem".

Existe também a onipresença da noção de doença e de epidemia nas histórias de vampiros. Em 1663, o pastor Martin Böhm faz um sermão em que evoca fatos do ano de 1553: "Nas épocas de pestilência, soubemos que alguns mortos, sobretudo mulheres, levados pela peste, mastigaram em seu túmulo, fazendo ruído semelhante ao de uma porca se alimentando; e a peste simultaneamente aumentou".[22] Desde os primeiros relatos, que datam do fim do século XVII, mas dos quais encontramos vestígios cinco séculos antes, consideram-se as pestilências e outras doenças enviadas por mortos malfeitores, essencialmente pessoas temidas ou suspeitas em vida – o elo com a bruxaria está subjacente. Considera-se o primeiro desaparecido responsável pelas mortes que se seguem, ele é exumado e queimado. Fazendo isso, propaga-se o mal, essa é a conclusão dos cientistas do século XVIII, ideia moderna, se foi assim, embora nessa época se ignorasse a noção de vírus e de bacilo. Johann Friedrich Weitenkampf nos dá uma excelente análise da evolução dos fatos retomando o exemplo de Arnold Paole. Esse homem comeu terra envenenada do túmulo do vampiro e maculou-se com o sangue dele, essa é a raiz da epidemia; as pessoas comeram a carne do animal infectado por pastar sobre o túmulo, pelas emanações que se desprendiam dele; as crianças sugaram o leite da mãe que tinha comido esse alimento.[23]

Foi justamente a noção de epidemia que, no plano histórico, favoreceu a substituição da perseguição às bruxas pela caça aos vampiros, e ela se encontra desde o primeiro testemunho, o de Henry Institoris e Jacques Sprenger que citamos a propósito dos mastigadores. Tanto uns como outros provocam mortalidade

---

22 KLAPPER. J. Die schlesischen Geschichten..., op. cit., p.86.
23 WEITENKAMPF. *Gedanken über wichtige Wahrheiten aus der Vernunft und religion*. Brunswick, 1754.

inexplicável a não ser por malefício. Se essas feiticeiras ou esses feiticeiros morreram, trata-se de malefícios póstumos, a famosa *magia posthuma* abordada por Charles Ferdinand de Schertz em 1706. Numa época em que se ignorava como se propagava uma infecção, recorreu-se a uma velha explicação querendo que todos os males que atingiam uma comunidade fossem devidos à malignidade de certas pessoas dotadas de conhecimentos ou de poderes fora do comum. A novidade é o fato de que os malefícios possam continuar após a morte de semelhantes indivíduos.

Nikolas Kyll sublinhou justamente que a crença nos mortos malfeitores surgia essencialmente por ocasião das epidemias e citou dois exemplos húngaros recentes que datam do século XX. Quando uma epidemia atingiu o vilarejo de Magyarlapád, abriram o túmulo de determinada mulher, descobriram que ela não repousava como era devido e provocava, então, a morte de outros; viraram o corpo dela de bruços no caixão para que seu rosto ficasse contra o solo. Por volta de 1927, na região de Privigye, procederam da mesma maneira por ocasião de uma epidemia de cólera.[24] A literatura recuperou essa crença e, em 1861, Léon Gozlan nota num de seus romances vampirescos: "Os vampiros, isso é de tradição reconhecida na sua comovente história, jamais aparecem em tão grande número como nas épocas de fortes epidemias". Lembremos que Murnau retoma essa tradição em *Nosferatu*.

Evocaremos as últimas hipóteses em voga, primeiro a de Wayne Tikkanen.[25] Para esse professor de química da Universidade de Los Angeles, o vampiro seria um doente acometido de porfiria, doença do sangue hereditária e frequente na Transilvânia, provocando retração dos lábios e malformações dentárias, hipertricose – desenvolvimento anormal do sistema piloso –, necrose dos dedos e do nariz, escurecimento da pele que se tor-

---

24 KYLL, N. Die Bestattung..., op. cit., p.86.
25 Cf. *La Mandragore*, n.3, p.129, 1998.

na muito sensível aos raios ultravioleta, e um dos componentes da hemoglobina se transforma em toxina. Tikkanen nos explica que certos doentes se escondiam em caixões de defunto para se proteger do sol, e ele chega às conclusões apresentadas por L. Illis em 1964, no seu estudo sobre essa afecção.[26]

Em seguida, a do neurologista espanhol, Juan Gomez-Alonso, que constatou numerosas semelhanças entre os vampiros e as pessoas acometidas de raiva: elas têm insônia durante a qual perambulam, são agitadas e excessivamente sensíveis à água, aos odores e à luz; algumas têm contrações da face, da laringe e da faringe, que provocam a emissão de sons roucos, e até uma espuma sanguinolenta na comissura dos lábios porque a saliva não pode mais ser engolida; os espasmos são desencadeados pela água, pela luz ou pelos espelhos; em crise, esses enraivecidos tentam morder quem está próximo; seu apetite sexual é, às vezes, decuplicado e, quando morrem, muitas vezes escapa sangue de sua boca. Certamente que há aqui paralelos espantosos, mas dizer que "as lendas sobre os vampiros parecem nascer por ocasião de uma epidemia de raiva particularmente mortífera que atingiu, sobretudo, os cães e os lobos na Hungria, entre 1721 e 1728",[27] é ir depressa demais e ignorar que o vampirismo já existia antes. No máximo, pode-se admitir que a raiva é apenas uma das epidemias e que as mais importantes continuam sendo a peste e o cólera.[28] Seja como for, Illis, Tikkanen e Gomez-Alonso dão testemunho, a seu modo, da fascinação que o mito do vampiro continua a exercer sobre os espíritos mais científicos, à procura desesperada de uma explicação. Mas nenhum

---

26 ILLIS, L. On porphyria and the aetiology of werewolfes. *Proceeding of the Royal Society of Medicine*, n.57, p.23-6, 1964.
27 Cf. Dracula, un enragé?, *Pour la Science*, op. cit.
28 Certas descrições de cadáveres ou de agonizantes, em *Le Hussard sur le toit*, são nesse sentido muito sugestivas: o romance mostra, entre outras coisas, como a epidemia predispõe a reações e a crenças irracionais.

dos três se dá conta de que está diante de um mito, negligenciando todo o contexto social, mental e histórico, concentrando-se sobre um motivo isolado, em suma, cometendo importantes erros de método. A ler o que dizem, os vampiros se concentrariam na Transilvânia; ora, não é bem assim, como vimos!

Só resta mencionar a explicação psiquiátrica. Os vampiros seriam, de fato, indivíduos acometidos de esquizofrenia, temendo, portanto, o enclausuramento, atravessando períodos de inanição e sofrendo a inversão dos ciclos diurno e noturno,[29] tais são as conclusões apresentadas por Lawrence Kayton em 1972.

## A recusa da evidência

Todos os espíritos esclarecidos, todos esses bons racionalistas e positivistas, todos os teólogos, diante daquilo que choca suas convicções, as quais repousam ora sobre longos estudos científicos, ora sobre o dogma cristão, apresentam explicações que, na verdade, são apenas o reflexo de sua própria psique, de seu modo de pensar, e se recusam, assim, a admitir a crença popular que, por sua vez, aprecia os fatos de maneira diferente. Quando todos os nossos eruditos e eclesiásticos apresentam termos como espírito, alma, diabo ou demônio para tentar definir aquilo que faz viver, que anima o cadáver e impede sua decomposição, negam a evidência, não se beneficiam com suas observações e, sobretudo, o essencial: mortos malfeitores e vampiros só cessam sua atividade quando reduzidos a cinzas. Para uns, a alma ou o espírito é, então, liberado das cadeias que ainda o entravam, opondo obstáculo à sua partida para o além, para a morte. Para outros, o diabo é privado de seu receptáculo. Essas ex-

---

29 KAYTON, L. Relationship of vampire legend to schzophrenia. *Journal of Youth and Adolescence*, 1972.

plicações ou essas conclusões nada mais fazem do que girar em torno de si mesmas e obscurecer alguns dados muito antigos. Num passado distante, um indivíduo possuía várias "almas", cada uma ligada a uma das partes do corpo. Tínhamos, assim, a alma dos ossos, do fígado, do sangue etc. Na Idade Média, o léxico das línguas vulgares atesta a sobrevivência dessa crença, e o número de vocábulos designando a alma varia de cinco a três: quanto aos textos em latim, atestam pelo menos três termos: *animus, spiritus* e *anima*, sobretudo na literatura clerical. O primeiro designa o princípio vital, o segundo, o espírito, o pensamento, isto é, o emissor de ordens dadas ao *animus*, e o terceiro, a parte imortal do homem, aquela que o liga a Deus. Segundo a Bíblia, o homem é composto de três elementos: a *néfesh*, a pessoa; o *basar*, coração, rins, fígado, ou seja, o corpo; e a *ruah*, o Espírito comunicado por Deus. Quanto aos gregos, eles conhecem o *thumos* (paixão, vontade, espírito); a *psuchè* (a vida, o sopro) – segundo Homero, verdadeiro decalque do corpo, esta se torna o duplo (*eidolon*) do indivíduo à sua morte –, que se mostra sob a forma de sombra (*skia*), de fumaça (*kapnos*) ou de sonho (*oneiros*).[30] A filologia atesta admiravelmente essa noção de alma plural que se manteve por muito tempo nas tradições populares. No nosso *corpus*, a crença transparece aqui e ali, quando se trata de "espírito", como no testemunho de Hans Bürgel: examinando os cadáveres exumados, esse coveiro afirma que os poupados pela putrefação têm "espírito forte". Esse "espírito", ou, antes, essa força, é reinterpretado pelos clérigos como um diabo, vocábulo cômodo que oculta a realidade das crenças mais do que as esclarece e favorece a interpretação como demônio e diabo.

---

30 Para mais detalhes, cf. LECOUTEUX, C. *Fées, Sorcières et Loupsgarous au Moyen Âge*: histoire du double au Moyen Âge. Paris, 1992, p.178 ss. e "Une singulière conception de l'âme: remarques sur l'arrière-plan de quelque traditions populaires". *Medieval Folklore*, n.2, p.21-47, 1992.

Façamos o resumo dos fatos! A atividade dos mortos se extingue com a destruição total de seus corpos. Os indivíduos predestinados a retornar são essencialmente marginais, pelo menos num primeiro tempo, supostamente nascidos em determinada data, em determinadas circunstâncias, com características particulares, que exercem um ofício que os põe em contato com forças da natureza ou da morte, pessoas, portanto, que se supõe possuir dons e conhecimentos sobrenaturais. Deles para os feiticeiros e adivinhos há apenas um passo. Essas características tornam-se evidentes após sua morte, forçosamente anormal. Entre os fantasmas e os vampiros, uma quantidade não desprezível é também formada por lobisomens, sobretudo na Europa central, e, em toda parte, por aquelas pessoas que agem como pesadelo. É graças a todos esses indivíduos muito especiais que podemos saber o que anima os vampiros.

Lobisomens, feiticeiros, adivinhos, pesadelos, todos possuem a faculdade de se desdobrar, isto é, de emitir seu duplo (*alter ego*), o *Ka* dos antigos egípcios, durante seu sono ou seu transe, e esse duplo pode indiferentemente assumir forma humana ou animal.[31] Lembremos as transformações de conde Drácula: ele se transforma em lobo e morcego. Na verdade, não se trata de metamorfose propriamente dita: seu corpo, como o dos outros fantasmas, repousa em algum lugar e é o seu duplo que aparece assim. Esse *alter ego* sobrevive enquanto o corpo não se desfaz em pó. Ele é tridimensional, possui consistência, não é um fantasma etéreo, uma ilusão, mas uma cópia exata do corpo. Lembremos a dificuldade que todos os autores têm de explicar como o vampiro, ou o fantasma, sai de seu túmulo. Para uns, o sepulcro se abre e se fecha por si mesmo sobre seu habitante; para outros, apresenta um orifício que, embora minúsculo, per-

---

31 Cf. PÓCS, E. *Between the living and dead. A perspective on witches and seers in the early Modern Age*, Budapest, 1997. p.31-4. Sobre o duplo, cf. sobretudo p.36-44.

mite a passagem. Edgar Morin foi o primeiro a destacar esse duplo nas crenças ligadas aos vampiros: "Universalmente, a decomposição é o período terrível em que o corpo e o duplo estão ainda unidos um ao outro, em que tudo não está ainda concluído, em que paira uma surda ameaça vampírica".[32] Se nos reportarmos aos testemunhos dos séculos XII e XIII, descobriremos outro sinal de alerta: o fantasma foge de nós enfiando-se na terra, sem deixar vestígios, e, quando abrimos seu túmulo, encontramos os sinais irrefutáveis de que foi mesmo com ele que lutamos corpo a corpo.[33] A crença no duplo é perfeitamente visível quando os romenos afirmam que o *strigoï* possui duas "almas", quando os eslavos nos falam dos *dvoeduschniki*, ou quando conhecemos a gênese do *stafia* a partir da sombra enclausurada de um ser vivo. Do mesmo modo ocorre naqueles contos populares que nos dizem que determinado personagem dissimulou sua "alma" em algum lugar e, portanto, só poderá ser morto se esta for encontrada.

Outro detalhe de certas narrativas merece atenção: por que certos vampiros e fantasmas devem deixar sua mortalha antes de partir para atacar os vivos? A mortalha pode ser compreendida como a marca visível do novo estatuto do defunto, e a ela se acrescenta outra bem conhecida: a perda da sombra que é uma de suas "almas". O sudário representaria o corpo que permanece no túmulo quando o duplo o deixa. O tema do abandono da mortalha apresenta-se como uma inversão das modalidades de eliminação dos fantasmas comuns, que são mortos pela destruição do corpo, ou seja, privando o *alter ego* de seu suporte. Apoderar-se da mortalha substituta do corpo impede o duplo de reintegrar-se a este, provocando, então, a morte do vampiro.

---

32 MORIN, E. *L'homme et la Mort*. Paris, 1976. p.156.
33 Para toda essa exposição, remetemos para a análise e os textos mencionados em: LECOUTEUX, C. *Fées, Sorcières et Loups-garous...*, op. cit.

Para defender essa tese, tomaremos um tema muito difundido nas crenças populares: quando o *alter ego/alma* de uma pessoa partiu para longe e o corpo permanece inanimado, não se deve, sobretudo, mexer nele nem revirá-lo, senão a alma não poderá entrar novamente e o indivíduo morrerá. É o que nos informa o *corpus* reunido por Vera Meyer-Matheis.[34] Assim se explica a raiva do fantasma que não reencontra sua mortalha, seus esforços para recuperá-la e sua eliminação relativamente fácil, seja na narrativa das obsessões da aldeia de Egwanschitz, retomada por Sheridan Le Fanu, em *Carmilla*, ou na balada de Goethe em que a aurora nascente mata o cadáver desencarnado que escala a torre. Sem sua mortalha, o fantasma não pode mergulhar no seu túmulo e torna-se vulnerável; fica exposto a ser atingido pelos raios do sol ou por um instrumento que os vivos possam utilizar como arma.

Mas esse duplo tem necessidade de uma motivação para agir, e é aqui que intervêm as noções de vingança, de insatisfação e de malignidade que provocam a maleficência do *de cujus* e espalham o terror ao redor. Contrariamente aos fantasmas da Idade Média, os vampiros não são mais os fiadores de uma ordem social e de um sistema de valores morais. Certamente ainda existem fantasmas bondosos, mas não são muitos e se manifestam essencialmente em sonho. Muito mais numerosos são aqueles que têm apenas um único objetivo em sua vida póstuma: prejudicar tanto quanto possível. Descontentes com sua sorte por uma razão qualquer, eles querem privar os vivos da felicidade e da prosperidade e atacam, então, seus meios de existência, os animais, por exemplo, e a própria vida de seus compatriotas.

Jamais se deve esquecer que o vampiro é apenas uma das formas dos fantasmas, é um hematófilo, um indivíduo que, ao longo dos séculos, se especializou na sucção do sangue, fato que

---

34 MEYER-MATHEIS, V. *Die Vortesllung eines alter ego in Volksserzählungen*. Diss, Fribourg-en-Birsgau, 1974.

os pesquisadores reconheceram como uma forma de canibalismo. Vimos anteriormente que os fantasmas matam de diversas maneiras. Nesse sentido, o nosso sanguessuga é apenas uma variedade daquela população bloqueada entre este mundo e o além, e foi aí que se criou o mito moderno. A grande inovação do mito moderno foi a de subordinar a vida do vampiro à sua alimentação sanguínea, a fazer crer que ele se nutre daquilo que durante muito tempo foi considerado a própria essência da vida. "O sangue é a vida", exclama o alienado Renfield, um vampiro humano, no romance de Bram Stoker, e nos lembramos aqui das palavras do Levítico (17, 11 et seq.): "A vida da carne está no sangue". Manter-se em vida matando, essa é a maldição do vampiro, se não seu *credo*.

Entretanto, a ficção literária apresenta falhas, e a mais importante, no caso dos mortos muito antigos, é o seu modo de sobrevivência no túmulo, privado do precioso líquido. Tudo se passa como se o defunto estivesse mergulhado numa espécie de catalepsia e possuísse apenas vida vegetativa, estado de latência de onde ele sai, desde que absorva algumas gotas de sangue. Do mesmo pensamento deriva o roteiro do filme *Arquivo X*, em que basta que um vivo se aproxime de um monstro extraterrestre para que seja imediatamente atacado por ele, permitindo-lhe retomar a vida! Tal situação é particularmente nítida em Théophile Gautier, em que Clarimonde definha de repente:

> Desde algum tempo que a saúde de Clarimonde não era tão boa: dia a dia sua tez descorava. Os médicos que foram chamados não entendiam sua doença e não sabiam o que fazer. Prescreveram alguns remédios insignificantes e não voltaram mais. Entretanto, ela empalidecia a olhos vistos e se tornava cada vez mais fria. Estava quase tão branca e tão morta como na famosa noite no castelo desconhecido.

O que Gautier nos dá a entender é que o vampiro morre se for privado de fluido vital durante muito tempo; a diferença entre uma Clarimonde e um Drácula é evidente. Nos autores anteriores, impera a dúvida artística; Polidori não trata dessa questão e até nos mostra que Lorde Ruthven morre de um golpe de punhal, mas revive em outro lugar, quando exposto aos raios do luar.

São essas ambiguidades que criam a atmosfera fantástica desses últimos romances góticos, que forjam o mito deixando pairar a incerteza: mortal, imortal? Ninguém sabe realmente! Vítima ou carrasco? Quem pode realmente dar uma resposta? Certos cineastas viram bem que havia aqui uma espécie de conto filosófico, uma longa meditação sobre as noções de vida e morte, e no papel de Nosferatu Klaus Kinski deu a entender recentemente que a imortalidade é um fardo pesado.

Mas o que nos diz o mito? Se nos ativermos à definição etimológica do termo, trata-se de uma linguagem, portanto o vetor de uma mensagem de valor universal, resultado de uma visão do mundo, explicação dos questionamentos suscitados pela experiência. Diz-nos que aquilo que o cristianismo, religião dominante, afirma sobre a vida e a morte é inexato, que não há fronteira nitidamente perceptível entre estas, que o morto possui também uma existência, que ele pode falar e agir, desde que lhe forneçam um motivo. Essa existência sobressai bem dos processos que se pode mover aos desaparecidos, de sua condenação e de sua execução: eles ainda são uma *persona* no sentido jurídico, responsável por seus atos e devendo responder por eles perante a sociedade. O mito põe em causa o dualismo corpo/alma e continua a veicular a noção de alma plural, com cada parte do corpo possuindo uma. Assim se explica a sobrevivência do vampiro do mesmo modo que sua procura desenfreada por sangue fresco, já que é uma maneira de possuir uma "alma", portanto a vida.

Mergulhando suas raízes no âmago de antigas crenças, o mito, então, nos oferece ao mesmo tempo o enunciado dos problemas principais e sua solução: os defuntos são perigosos; trate-os bem, senão você terá bons motivos para temê-los. Ele retoma por sua conta as noções de morte boa e má, a de transpasse como recompensa de uma vida de retidão e de justiça, a de castigo póstumo. Esse monstro não dorme o sono da terra, não repousa em paz, esse é o seu castigo. É um banido, um fora da lei que, segundo as narrativas, pode, todavia, ser redimido graças à ajuda dos vivos. Matar os vampiros, portanto, é também um ato piedoso, é libertá-los dos últimos entraves que impedem seu voo para as estrelas, para aquele outro mundo sobre o qual paira o mistério. Bram Stoker exprimiu isso perfeitamente:

> Lá, no caixão, não mais jazia a horrível não morta que acabamos por temer e por odiar a tal ponto que a tarefa de destruí-la tivesse sido dada como um privilégio àquele dentre nós que tinha mais direito: era Lucy como a tínhamos conhecido em vida, com seu rosto de uma doçura e de pureza sem igual ... Cada um de nós sentiu nesse momento a santa tranquilidade que se espalhava, qual um raio de sol, sobre aquele pobre rosto e aquele pobre corpo, era apenas um testemunho, um símbolo terrestre do repouso eterno.

Finalmente, o mito moderno do vampiro desemboca numa reflexão sobre a vida, a morte, o amor, três polos essenciais de nossa humanidade. Por acaso a vida não é apenas um sonho e a morte, apenas um sono do qual emergiremos um dia graças ao poder do amor ou do ódio, essas duas grandes forças que presidiram à Criação segundo os antigos mitólogos caldeus?

# Apêndice

## I
## Os vampiros de Medvegia

O mito, como se sabe, cria suas próprias provas e, nos tempos antigos, estas foram essencialmente os relatos de testemunhas oculares, de homens dignos de fé. Contudo, muitas vezes os atores do drama têm uma visão totalmente subjetiva dos fatos, que interpretam em função de seus pressupostos. Encontramos um excelente exemplo disso no relato que Pitton de Tournefort fez da exumação de um *brucolaque* na ilha de Mykonos.[1] Tomemos o relato de pessoas que, ao que parece, nada se predispõem a ver além da realidade.

Em 1732, as autoridades austríacas abrem um inquérito sobre cerca de quinze falecimentos suspeitos ocorridos na localidade de Medvegia, na Sérvia turca.[2] Ouvidas as testemunhas e

---
1 Retomado por CALMET, D. *Dissertation...* op. cit., p.143-9.
2 *Visum & repertum. Über die gennanten Vampirs, oder Blut –Aussauger, So zu Medve-*

abertos os túmulos, descobrem-se, em certos cadáveres, as provas incontestáveis de que são vampiros: estão repletos de sangue e não estão decompostos, diferentemente dos demais. O relatório é de grande interesse histórico porque nos dá acesso às mentalidades desse período e revela como alguns fenômenos, que a ciência atual sabe explicar, desempenharam papel preponderante na crença nos vampiros, tendo sido várias vezes retomada e até vivamente criticada, notadamente pela Academia de Ciências Prussiana.[3]

> Uma vez assinalado que, na aldeia de Medvegia, os chamados vampiros tinham matado algumas pessoas sugando seu sangue, o muito honrado Alto Comando ordenou-me examinar a questão a fundo. Parti com dois oficiais e dois cirurgiões e realizei esse inquérito em presença do capitão Gorschitz, da companhia dos heiduques de Stallhaltar, do Hadnagi Bariactar e dos anciãos da aldeia. Ouvi o que diziam.
> 
> De suas declarações unânimes, destacou-se que um heiduque do lugar, chamado Arnold Paole, quebrara o pescoço ao cair de uma carroça de feno havia mais ou menos cinco anos. Quando era vivo, ele dizia frequentemente que um vampiro o tinha perseguido perto de Gossowa, na Sérvia turca, que tinha, então, engolido terra do túmulo do referido vampiro e se untado com seu sangue, para livrar-se desse flagelo. No vigésimo ou trigésimo dia depois de sua morte, várias pessoas se queixaram de ter sido atormentadas por Arnold Paole. Seja como for, quatro indivíduos morreram por sua causa. Para acabar com esse flagelo, a conselho do Hadnagi, que já tinha assistido a acontecimentos semelhantes, exumaram Arnold Paole quarenta dias após seu falecimento; descobriram que ele estava em perfeito estado e não decomposto. Sangue fresco escorreu

---

gia in Servien an der Türkischen Granitz den 7. Januarii 1732. Geschehen, Nebst einem Anhang / von dem Kauen und Schmatzen der Todten in Grübern, Nuremberg, 1732.

3 Texto em STURM, D.,VÖLKER, K. Von denen Vampiren. Frankfurt, 1994. p.456-60.

de seus olhos, nariz, boca e orelhas; sua camisa, mortalha e caixão estavam todos ensanguentados. As unhas das mãos e dos pés tinham caído com a pele, e outras tinham crescido, daí deduziram que se tratava de um verdadeiro vampiro. Conforme o costume, atravessaram-lhe o coração com uma estaca; então, ele emitiu um suspiro bem perceptível e sangrou. Depois disso, incineraram o corpo no mesmo dia e jogaram suas cinzas no túmulo.

As referidas pessoas acrescentam que todos aqueles que o vampiro perseguiu e matou devem tornar-se, por sua vez, vampiros. Então, exumaram e trataram da mesma forma as quatro pessoas evocadas. Afirmam, ainda, que Arnold Paole não atacou apenas as pessoas, mas também os animais dos quais sugou o sangue. Como as pessoas comeram a carne desses animais, resulta mais uma vez que alguns vampiros estão aqui, razão pela qual dezessete pessoas, entre jovens e velhos, sucumbiram em três meses, algumas das quais em dois ou três dias no máximo, sem terem estado doentes.

O heiduque Jowiza declara que sua nora, chamada Stanacka, deitou-se saudável e disposta há quinze dias, mas, por volta de meia-noite, acordou gritando horrivelmente e tremendo de medo, queixando-se de que Milloe,* o filho de um heiduque, morto nove semanas antes, a tinha estrangulado, depois do que ela sentiu grande dor no peito; ela definhou de hora em hora até falecer no terceiro dia.

Em seguida, em companhia dos anciãos da aldeia heiduque, dirigimo-nos todos ao cemitério à tarde para mandar abrir os túmulos suspeitos e examinar os corpos que aí se encontravam. Exumamos:

1. Uma mulher chamada Militza, de 60 anos de idade, morta de doença ao fim de três meses e enterrada havia dez dias. Muito sangue líquido se encontrava em seu peito; as vísceras estavam em bom estado, como na pessoa examinada anteriormente. Por ocasião da autópsia, todos os heiduques presentes se admiraram muito de ver o corpo gordo, declarando todos que conheceram aquela

---

* Ou Millove (N. T.).

mulher desde a juventude e que, quando viva, tinha sido magra e seca, daí a estupefação de constatar que ela havia engordado no túmulo. Segundo suas declarações, ela era a causa dos vampiros atuais. Por acaso não tinha ela devorado a carne dos carneiros que os vampiros precedentes haviam matado?

2. Um menino de oito dias enterrado noventa dias antes. Ele possuía todas as características de um vampiro.

3. O filho de um heiduque, de 16 anos de idade, enterrado havia nove semanas depois de morrer de doença ao fim de três dias. Foi encontrado no mesmo estado que os outros vampiros.

4. Joachim, também filho de um heiduque, com a idade de 17 anos, que sucumbiu a uma doença de três dias. Foi exumado depois de repousar na terra por oito semanas e quatro dias e a autópsia revelou que ele também era um vampiro.

5. Uma mulher de nome Ruscha, falecida de doença ao fim de dez dias e enterrada havia seis semanas. Muito sangue fresco se achava não só no seu peito, mas também no fundo dos ventrículos; constatou-se situação idêntica com seu filho de dezoito dias e morto havia cinco semanas.

6. Ocorreu algo semelhante a uma menina de 10 anos morta havia dois meses; ela estava em estado idêntico, inteira, não putrefata, com muito sangue no peito.

7. Fizemos exumar a esposa do Hadnagi e seu filho de oito semanas. Ela estava morta havia sete semanas e ele, 21 dias. Ambos estavam completamente decompostos, embora tendo repousado na mesma terra e nos mesmos túmulos que os vampiros mais próximos.

8. Um criado do cabo do heiduque local, chamado Rhode, de 23 anos de idade, que sucumbira pela doença em três meses. Exumado cinco semanas mais tarde, encontrava-se perfeitamente decomposto.

9. A mulher de Bariactar e seu filho, mortos seis semanas antes: ambos estavam perfeitamente decompostos.

10. Em Stanache, um heiduque de 60 anos, morto seis semanas antes, encontrei, como nos outros, muito sangue no peito e no estômago. Todo o corpo estava no mesmo estado que o dos vampiros evocados.

11. Millo(v)e, um heiduque de 25 anos que havia repousado na terra havia seis semanas, também apresentava as características de um vampiro.
12. Uma mulher chamada Stana,* de 20 anos, morta havia dois meses após uma doença de três dias por causa de um parto. Antes de morrer, ela declarou ter-se untado com o sangue de um vampiro, depois do que ela e seu filho, morto pouco depois do nascimento e metade devorado pelos cães em razão de uma inumação superficial, deveriam transformar-se em vampiros. O corpo estava intacto e inteiro. Na autópsia, foi encontrada certa quantidade de sangue extravasado no peito; os vasos, artérias e veias, assim como os ventrículos do coração não estavam, como de hábito, repletos de sangue coagulado. Todas as vísceras – pulmões, fígado, estômago, baço e intestinos – estavam ainda frescas, como num homem sadio; o útero, entretanto, estava muito dilatado e inflamado exteriormente, porque a placenta e os lóquios tinham permanecido aí e se encontravam, então, em plena decomposição. As peles das mãos e dos pés, inclusive as unhas velhas, se destacavam por si sós, mas uma nova pele fresca e novas unhas eram visíveis.

Acabado o exame, alguns ciganos presentes cortaram a cabeça dos vampiros e as queimaram assim como os corpos, e depois jogaram as cinzas no rio Morava; recolocaram os corpos putrefatos nos seus túmulos. Tal fato atesto com o cirurgião-adjunto que me assistiu. *Actum ut supra.*
Johannes Fluchinger, cirurgião-mor do honorável Regimento de Infantaria de Fürstenbuschl.
Nós, abaixo assinados, atestamos pela presente declaração que tudo o que o cirurgião do honorável Regimento de Infantaria de Fürstenbushl, assim como seus dois assistentes cossignatários, constataram anteriormente a propósito dos vampiros, corresponde à realidade em todos os pontos, e que eles, em nossa presença, investigaram e examinaram. Para confirmar, assinamos de próprio punho.

---

* Ou Stanoicka (N. T.).

*Belgrado, 26 de janeiro de 1732.*
*Büttener, primeiro-tenente do honorável Regimento de Alexandre*
*(de Wurtemberg).*
*J. H. de Lidenfels, porta-bandeira do honorável Regimento de Alexandre*
*(de Wurtemberg)".*

## II
## A mortalha da falecida

Goethe e Sheridan Le Fanu inspiraram-se numa antiga lenda cujo teor é dado por Selt em 1833: depois de ter levado uma vida dissoluta, uma mulher retorna à cidade de Wroclaw.[4] Compare-se esse fato com a balada de Goethe que citamos no início deste livro.

Aquilo que já tinham suposto e dito quando ela estava viva, confirmou-se: a mulher má não conhecia o repouso em seu túmulo. O vigia da torre Santa Elisabete notou com terror que, toda noite, quando soava a hora dos espíritos, essa pessoa saía de seu sepulcro, jogava a mortalha sobre o túmulo e partia a passos rápidos para seu domicílio, onde, durante uma hora, media retalhos de tecido, trabalhando sem fim até que o suor lhe perlasse a fronte e seus olhos sangrassem.[5]

Uma noite, após constatar que a aparição saída do túmulo tinha jogado seu sudário e partido para cuidar de seus assuntos, o vigia desceu da torre, alcançou a tumba, apoderou-se da mortalha e retornou prontamente ao seu posto. Quando quis fechar a porta e subir a escada em caracol, ele teve repentinamente uma ideia e, por prudência, traçou três vezes o sagrado sinal da cruz na porta. Feito isso, com a velha mortalha no braço, fechou a porta e subiu rapidamente a escada até seu posto elevado e jogou o sudário so-

---
4 SELT, *Sagen aus Breslau's Vorzeit*, Breslau, 1833, p.50 et seq.
5 A danação assume a forma da repetição de um ato para a eternidade. Podemos também pensar em Sísifo.

bre um pequeno altar de madeira. Pôs-se à janela de onde podia abarcar com o olhar o cemitério e os túmulos.

Era meia-noite e quarenta e cinco quando a aparição voltou para sua morada. Ela não encontrou a mortalha, seu olhar se dirigiu imediatamente para a janelinha de onde o vigia indiscreto observava a cena e se sobressaltou diante de seus gestos furiosos. Contudo, seu temor aumentou ainda mais quando ele viu que a aparição tomava o caminho da torre a passos rápidos. Quanto mais ela se aproximava, mais o vigia se aterrorizava. Ele juntou as mãos para rezar, e seus lábios balbuciavam sem que ele tivesse consciência. Eis que a falecida chegou à entrada, avistou o sinal sagrado e recuou tremendo. O vigia horrorizado debruçou-se um pouco para fora da janela. Quando viu o efeito produzido pela cruz, quis entrar em casa para agradecer a Deus por tê-lo salvo, mas quando lançou um último olhar para ver se a aparição fizera meia-volta, constatou com terror que esta começou a escalar a parede da torre.[6] O pânico tomou conta dele, seus membros estavam petrificados, não podia mais deixar a janela, permaneceu aí, fascinado, e não conseguiu deixar de observar a mulher que se aproximava cada vez mais. Ele já podia perceber seu rosto convulsionado de raiva, que a lua banhava com luz pálida. Seus cabelos se eriçaram na cabeça. A aparição chegou à galeria, iria subir, e o vigia desabou no chão com um grito de pavor. Soou uma hora. Imediatamente, os ossos da mão descarnada soltaram a balaustrada, as pernas não apertaram mais o pilar que enlaçavam e, com estrondo, a falecida caiu sobre o chão duro do cemitério.

Na manhã seguinte, encontraram o corpo terrivelmente destruído, mas ainda reconhecível, dessa maldita mulher. O povo, que nesse ínterim tinha ouvido a notícia do terrível incidente – depois do qual o vigia caiu doente pelo terror sentido –, não admitiu que se recolocasse o corpo em terra consagrada. Chamaram o carrasco: ele cortou a cabeça com uma cavadeira e, colocando o corpo sobre couro de boi, foram enterrá-lo sob o patíbulo. O vigia não sobrevi-

---

6 Pensamos no conde Drácula descendo ao longo da fachada de seu castelo como uma lagartixa.

veu a essa horrível noite,[7] mas nunca mais se reviu a aparição. Esse acontecimento atroz foi gravado no metal por um artista e a imagem foi vista até o início deste século numa das portas da igreja Santa Elisabete, ao lado, oculta na parede.[8]

## III
## O vampiro de Bendschin

Em 1592, o burgo de Bendschin ou Pentsch, localidade do principado de Jägerndorf, na fronteira da Morávia, tornou-se célebre em razão dos acontecimentos que aí se desenrolaram e do qual possuímos o relatório, por assim dizer, etnográfico. Trata-se de uma verdadeira reportagem sobre os malfeitos de um vampiro,[9] cujo autor é Martin Weinreich (1548-1609), professor em Breslau. O que merece atenção é que ele nos permite seguir passo a passo a emergência de crenças que favorecem a transformação de um morto em vampiro. As principais etapas deixam-se circunscrever facilmente e o mecanismo que estrutura o pensamento dos contemporâneos do acontecimento é particularmente claro:

1. Um homem morre de forma inesperada – de um coice de cavalo – e, portanto, suspeita, suscitando reflexões e questionamentos. As pessoas começam a tagarelar.

2. Rememoram tudo o que possa explicar essa morte súbita e o mais anódino dos incidentes torna-se sinal de outra realidade, oculta, tenebrosa, sulfurosa. O defunto dormia na igreja; há aquela tempestade que ocorre no momento do enterro, o gesto

---

7 Em 95% dos casos o encontro com um morto é fatal.
8 Tema da prova e justificação da realidade do acontecimento.
9 O texto foi impresso no *Schlesisches Labyrinth*, Breslau & Leipzig. 1737, p.363-93. Sobre sua transmissão, cf. KLAPPER, J. Die schlesischen Geschichten..., op. cit., p.76 et seq.

do cadáver quando se procede à sua toalete fúnebre, aquela reflexão que sugere que ele tinha conhecimento de sua morte próxima. Tudo, então, é interpretado em função de um pensamento arquetípico.

3. Restringem-se à explicação mais simples: o defunto tinha certamente feito um pacto com o diabo, era um feiticeiro, e o demônio possuiu o cavalo assassino para que a morte assumisse uma forma admissível pela comunidade e não opusesse obstáculo às exéquias rituais.

4. O retorno do morto e seus malfeitos confirmam a justeza da interpretação, mas duas outras explicações são sugeridas: o defunto se preocupa com a sorte de seu último filho e teme que ele seja espoliado, o que prova que não partiu deixando seus negócios em ordem; ele vem buscar vingança do cavalo que o matou.

5. Hesita-se sobre a verdadeira natureza do fantasma – espírito ou diabo – que se comporta como um *poltergeist*, um pesadelo e um vampiro, atacando homens e animais, e alguns de seus golpes assemelham-se aos dos duendes traquinas.

6. Abre-se o túmulo e se confirmam as suspeitas mais malucas.

7. Executa-se legalmente o cadáver.

O texto fervilha de detalhes reveladores, ainda que nem todos sejam explicados, o que é normal, já que faziam parte de coisas bem conhecidas de nossos antepassados e eram considerados implícitos. A seguir, introduzimos subtítulos para permitir uma melhor compreensão e utilizamos itálicos no corpo do texto para assinalar os detalhes mais significativos.

## O acidente de Johann Cuntze, primeiros rumores

Um cidadão desta cidade, Johann Cuntze, nascido na aldeia de Lichten, comportou-se como convém durante anos e mereceu elogios, a tal ponto que o nomearam para o conselho (municipal) e, depois, o elegeram prefeito. Era considerado um sexagenário experimentado, de grande valor, e pediam seu conselho para todo tipo de negócios municipais e particulares. Só depois de sua morte é que lhe atribuíram defeitos não mencionados em vida. Com efeito, o vigário do lugar começou dizendo que ele frequentava a igreja com assiduidade, assistia à comunhão com recolhimento, mas que *também dormia frequentemente* na sua cadeira de conselheiro. Não foi por acaso que nomearam Cuntze juiz, com outros membros do conselho, por causa de alguns litígios entre um negociante húngaro e seus carroceiros. Ele devia investigar e fazer seu relatório ao tribunal. Ouviram as duas partes, elaboraram um protocolo, depois madame Cuntze convidou para jantar, mas, sob o pretexto de ter negócios domésticos a tratar, seu marido não quis demorar-se dizendo que era bom divertir-se, já que não faltavam vicissitudes cotidianas. Ele possuía cinco esplêndidos cavalos em sua estrebaria e, quando voltou para casa, mandou buscar o melhor e amarrá-lo num pilar próximo à porta, para repregar uma ferradura que ameaçava cair. Quando fizeram isso, ele com outro criado levantou a pata do cavalo, mas este se enfureceu e escoiceou, jogando o dono e o criado meio mortos no chão. Um vizinho que assistia à cena veio acudir, ajudou-os a levantar-se e a entrar em casa. Cuntze urrava sem parar, queixando-se de queimadura e dor atroz e não cessou até que preparassem sua cama, onde o deitaram e clarearam seu peito que sentia aquela terrível queimação. *Não se constatou nenhum traço de ferimento*, embora ele continuasse a gemer. Entrementes, chegou perto da cama seu último filho de um terceiro casamento. Cuntze o olhou com piedade e lhe disse: "Ai de mim, pobre criança, gostaria de viver ainda alguns anos por você!". Ele o recomendou calorosamente a um dos colegas do conselho, que era seu padrinho e que prometera cuidar dele; ele consolou o doente dizendo que Deus podia fazer que se levantasse de seu leito de sofrimentos. Cuntze respondeu: "Ai de mim, se Deus quisesse somente perdoar meus pecados pelo amor de meu filho!". As pessoas presentes o reconfortaram da melhor maneira possível e lhe aconselharam mandar chamar um padre, mas ele não quis saber disso e repetiu incansavelmente estas palavras: "Ai de mim! Se

Deus quisesse me conceder Sua graça!". Apalparam-no: seu peito, seu corpo e suas mãos estavam gelados enquanto ele se queixava incessantemente de um calor tórrido. O cavalo o atingiu no dia 4 de fevereiro e declararam que Cuntze tinha ainda sido padrinho quatro dias antes, no dia da Purificação da Virgem, e que, ao voltar para casa e trocar de roupa, tinha dito a seus familiares: *"Será certamente a última criança que eu seguro na pia batismal"*. Sua mulher e seus filhos suspeitaram, então, que ele sabia a hora de sua morte e que, portanto, tinha ligação com o diabo. De fato, ele havia feito uma bela fortuna,[10] embora não tivesse recebido herança, e tinha ganhado a vida com dificuldade, de início como lenhador[11] e fabricante de tetos de madeira. Depois de sua morte, alguns afirmaram que, quando vivo, ele se tinha ligado a Satã para que este *o matasse por intermédio do cavalo*, a fim de que as pessoas não fizessem escândalo. Nesse ínterim, avisaram seu filho mais velho sobre o acidente; este, que não morava longe, chegou e não deixou mais seu pai, velando-o a noite inteira.

## Morte e inumação

Às três horas em ponto, Cuntze transpassou. Antes, um grande *gato preto* conseguiu abrir a janela com a pata, pulou subitamente para dentro do quarto, saltou sobre a cama e atacou o travesseiro e o rosto do doente, com tal violência que parecia querer levar aquele homem. Depois desapareceu e Cuntze transpassou.

Na manhã seguinte, o filho mais velho de Cuntze, com inúmeros parentes, foi procurar o pastor, anunciou-lhe a morte do pai e reclamou funeral digno de sua classe, já que ele tinha sido membro do conselho. Concordaram e o enterraram na igreja, à direita do altar, mas seus herdeiros pagaram uma boa quantia para isso.

Tão logo Cuntze morreu, eclodiu uma *terrível tempestade* e, quando levavam o corpo para sua última morada, nevou e trovejou

---

10 Nessa época, uma fortuna súbita era atribuída à possessão de um espírito familiar chamado drac, *hommelet d'argent* ou mandrágora (Areile).
11 Profissão suspeita.

tão violentamente que os carregadores mal conseguiam segurá-lo, mas tudo cessou assim que o morto foi inumado; o tempo clareou e o vento forte se acalmou. Não se pode esquecer de mencionar aqui que, no momento em que duas pobres mulheres quiseram lavá-lo numa cuba e, para isso, puseram as mãos dele nas costas, *o cadáver recolocou violentamente uma mão no lugar em que tinha recebido o coice*. Uma das mulheres ficou desconcertada, mas a outra lhe disse: "Fique calada, para que nosso falatório não provoque uma desgraça".[12]

## Primeiras aparições

Alguns dias depois do enterro, corria na cidade o boato de que aparecia um *pesadelo* ou um *espírito diabólico* com a aparência de Cuntze; que ele atacara uma mulher da vizinhança, jogara-a no chão, molestara-a e que tinha acontecido até na véspera de sua inumação. Depois do enterro, esse mesmo espírito entrou na casa de alguém que dormia no quarto, acordou-o e gritou: "Não sei o que me retém que não acerto as contas com você para sempre!". Relataram isso à viúva Cuntze, enquanto as pessoas da vigilância confessaram que toda noite se ouvia um *barulho horrível* na casa do morto,[13] que jogavam objetos nela enquanto outros objetos caíam; de manhã, as portas apareciam abertas quando as tinham fechado e trancado solidamente na noite anterior; os cavalos se agitavam tanto na estrebaria que parecia que alguém os atormentava ou que se mordiam e se debatiam. Uma criada contou a um homem honrado que, de manhã bem cedo, ela acordara assustada porque tinha ouvido alguém cavalgando ao redor da casa e *batendo nas paredes* com tal violência que as vigas tremiam, e que uma *luz clara* tinha entrado *pela janela*, o que a levou a refugiar-se debaixo da cama, de tão aterrorizada que estava. Quando se levantou, o homem saiu,

---

12 Atitude mental corrente na Idade Média e encontrada sobretudo a propósito de sonhos: recusa-se a revelar seu conteúdo de medo que se realize.
13 Cf. LECOUTEUX, C. Ces bruits de l'au-delà. *Revue des langues romanes*, n.101, p.113-24, 1997.

examinou todas as paredes e percebeu na neve recém-caída vestígios estranhos que não pareciam nem de homem nem de animal.[14]

No dia 24 de fevereiro, depois do catecismo, o pastor da aldeia dirigiu-se à casa de um dos juízes locais, que se achava indisposto, e apostrofou o sacerdote dizendo: "Ah, meu caro compadre, na noite anterior vi Cuntze aqui em casa e falei com ele". Quando o pastor se espantou como se isso fosse algo impossível, o outro replicou com arrogância: "Eu o vi com meus próprios olhos ontem à noite, às onze horas, e o ouvi dizer: 'Não tema nada, caro compadre, não lhe farei nenhum mal; venho unicamente para discutir algo com você. Eu deixei Jacob, meu último filho, do qual você é o padrinho; Stephan, meu filho mais velho, possui em casa uma caixa com 450 florins; revelo-lhe isso a fim de que *Jacob não seja lesado* do que lhe cabe. Eu o encarrego de ocupar-se dele fielmente. Se não o fizer, você vai ver o que lhe acontece!'".[15] Este homem era o escrivão municipal e prometeu ao fantasma seus honestos serviços. O outro desapareceu do quarto, mas fez tanto barulho no outro andar que tudo estremeceu, depois se dirigiu ao estábulo, atormentou as vacas da maneira mais atroz – parecia que elas estavam desamarradas –, mas no dia seguinte encontraram-nas em perfeito estado.

A casa do escrivão era perto da de Cuntze, onde, toda noite, o espírito causava lamentável tumulto, a tal ponto que a família se refugiou na sala e contratou vigias que deviam montar guarda alternadamente. Entre eles, havia alguns jovens corajosos que se ofereceram porque lhes dariam bebida. Quando o espírito abria e fechava as portas, entrava na cozinha ou na adega, assim como na sala em que todos estavam reunidos, eles, lançando um olhar pela porta e vendo a figura de Cuntze, gritavam-lhe: "Fique aqui, fique sim, farsante! Que hóspede prudente é você à noite, você que foi um avarento e antes não administrou assim seus bens à luz do dia! Então, por que é tão zeloso nas trevas, velho canalha! Entre aqui e

---

14 Essa imprecisão é sinal da intervenção de forças sobrenaturais.
15 A ausência de disposições testamentárias em relação a seu filho é portanto uma das causas de seu retorno.

brinde conosco!". Num quarto acima da sala, encontravam-se objetos de ferro, velhos e novos, além de correntes que o espírito atirou em desordem.[16] Ele atormentava tanto os cavalos que parecia querer estrangulá-los,[17] sobretudo aquele que o tinha atingido tão violentamente diante da porta, não lhe dava nenhum descanso, noite e dia, e quando os outros cavalos se deitavam logo esgotados, aquele permanecia de pé, suando e tremendo como se fosse para o matadouro. Julgou-se, então, que o diabo estava no corpo daquele cavalo e que tinha matado Cuntze por intermédio de seu casco. Seu suor era sempre frio, como tinha sido o de Cuntze, e já que ele tinha causado seu fim, muitos perguntaram se não se devia também jogar na fogueira aquele instrumento diabólico para queimá-lo com o cadáver de Cuntze.

À tênue luz das velas e das lanternas, a família amedrontada deliberou sobre a presença invisível do espírito maligno, acordando um ao outro. Porque, quando dormiam, sentiam-se tão esmagados e esgotados que era preciso acordá-los com água e salvá-los da morte, como pessoas que perderam a consciência. Inúmeras vezes, até mesmo os que dormiam eram atormentados da maneira mais horrível, apesar da presença dos vigias ao seu lado,[18] de tal modo que, sufocados, eles agitavam violentamente os pés, e nem mesmo medicamentos caros conseguiam restabelecê-los. A viúva mandou uma criada dormir perto de sua cama, mas o espírito ordenou-lhe que partisse se não quisesse que ele lhe quebrasse o pescoço. A viúva deitou-se, então, na sala, com seus familiares que suportavam mil tormentos por parte do espírito que, às vezes, aparecia com sua mortalha, sentado atrás da lareira. À viúva cabia a pior parte porque não podia ir para outro cômodo sem correr risco: o espírito era visível em toda parte e queria até obrigá-la a dormir com ele. Ele bebia leite e aplicava mil golpes. Ele gritou para o filho menor: "Siga-me até o túmulo e eu lhe darei um monte de moe-

---

16 Tema do *poltergeist*.
17 Ação geralmente atribuída a um gênio doméstico descontente com a cor dos animais colocados sob sua tutela na estrebaria.
18 Cuntze se comporta então como um pesadelo.

das!".[19] Seu filho mais velho voltou dos campos para hospedar-se na casa paterna, mas o fantasma provocou tal tumulto no quarto dele, que ele não pôde dormir muito, apesar de suas orações e devoções. Um membro da família teve a curiosidade de observar o que o fantasma fazia à noite: saiu para o corredor, encontrou Cuntze, voltou de um salto para a sala e desabou no chão. O outro o apertou e tentou estrangulá-lo a ponto de perder as forças e, no dia seguinte, as marcas permaneceram bem visíveis no seu pescoço e no seu corpo, fazendo-o perder o gosto pela indiscrição. De manhã, o espírito aparecia pessoalmente para muitos, mas à noite ele se enfurecia, como se quisesse derrubar casas inteiras. Arrancou do chão e jogou longe um grosso pilar que dois homens teriam dificuldade em carregar.[20] Fora da cidade, muitas pessoas o encontraram quando ele cavalgava *um cavalo de três patas* e da mesma cor da sua montaria preferida ... Cavalgava como um louco pela cidade e pelos campos, e *debaixo dele jorrava fogo de seus flancos.*[21]

Uma criada preguiçosa foi se deitar antes de sua patroa voltar para casa; quando esta voltou, sem comida preparada e com louça para lavar, o espírito surgiu, abriu as portas da casa, aproximou-se do leito da criada, tocou no braço dela com sua mão gelada e perguntou por que ela deixara a louça suja numa quinta-feira, à noite.[22] As pessoas do povo em Jägernsdorf possuem uma antiga superstição para que se evite fazer trabalhos domésticos e lavar a louça durante as doze noites que separam o Natal da Epifania, assim como às segundas, quintas e domingos ...

Segue uma lista de outros malfeitos: ele esmagou as pernas de uma criança, pisoteou dois velhos que morreram por isso, boliu nos seios das mulheres em parto; arrancou as crianças do

---

19 Aqui, Cuntze possui o caráter de um evocador.
20 Introdução do tema da força sobre-humana dos fantasmas.
21 Ele monta portanto um cavalo diabólico que possui um número ímpar de patas, sinal de sua pertença ao além.
22 Cuntze retoma aqui o antigo papel das fadas e gênios domésticos que velam pela boa ordem da casa.

berço, quase sufocou uma velha senhora, quis violar mulheres, reclamou o acerto de uma dívida, enganou um bêbado.

## Intersignos e signos

Muitas pessoas do povo pretendem que, no lugar em que estão enterrados feiticeiros ou *Bilweise*,[23] sejam bem visíveis buracos *na construção dos túmulos*, como se ratos tivessem saído deles. Encontraram um desse tipo no túmulo de Cuntze; era até bem grande e bem profundo, de tal modo que se podia, com um bastão, tocar no caixão. Retiraram a lápide, encheram o buraco e a cova de terra e compactaram tudo. No dia seguinte, o buraco estava de novo aberto, e até maior que antes, como se galinhas tivessem arranhado debaixo da pedra. Grandes manchas de sangue apareceram sobre a toalha do altar, e muitos nobres as viram ...

## Nova série de malfeitos

Cuntze mordeu e espancou um homem, jogou punhados de terra nas mulheres deitadas ao lado dos maridos, apareceu com olhos em brasa, transformou-se em cabide, dançou nos campos, jogou cães contra as paredes, sugou as vacas, amarrou as caudas delas umas nas outras, devorou os pintinhos, amarrou as patas das cabras e as jogou nas manjedouras, sugou e matou os bezerros, maltratou os cavalos, deu uma bofetada num espírito forte, pesou em cima do pastor e sua família, roncou como uma porca.[24]

---

23 Outro nome local dos feiticeiros.
24 Este último detalhe lembra os mastigadores cuja mastigação é sempre acompanhada de grunhidos suínos.

No dia 8 de julho à noite, o pastor estava sentado ao lado de sua mulher e seus filhos e tinha tocado órgão quando um *odor insuportável* se espalhou de repente, pondo todo mundo em fuga. Quando o pastor alcançou seu quarto após a fervorosa oração da noite, o cheiro ainda era sentido em todo o seu horror quinze minutos depois, e o pastor ouviu o fantasma aproximar-se de seu leito, soprar-lhe no rosto um vapor tão frio e pestilento que o fez cair doente, com o rosto inchado e os olhos doloridos.

Por todas essas razões, a cidade de Berschin perdeu sua reputação: nenhum nobre queria mais vir, nenhum viajante passava a noite nela, e os habitantes não sabiam mais a que santo recorrer.

## Exumação e execução

Eles pensaram em *abrir alguns túmulos* para examinar os cadáveres, porque, havia muitos anos, em circunstâncias semelhantes, essa medida tinha sido benéfica. O senhor pastor opôs argumentos da teologia e da física, os habitantes aflitos nem deram atenção, concordaram em não poupar o túmulo de nenhuma família e em procurar até encontrar a fonte de seus males, para tampá-la e desviá-la. Pediram as chaves [da igreja] ao pastor e, após muitas discussões, o sacristão as entregou. Sob suas ordens, o coveiro abriu vários túmulos, tanto das pessoas falecidas antes de Cuntze como depois, para examinar o estado dos cadáveres e formar uma opinião. Eles pretendiam que *existissem certos sinais sobre os membros dos defuntos*, pelos quais se podia reconhecer se tinham sido bons cristãos ou se tinham feito um *pacto com Satã* e morrido em estado de *pecado mortal*.

Uma vez abertos o túmulo e o caixão de Cuntze e de outros, acharam que seu cadáver apresentava uma notória diferença: todos os outros corpos, enterrados antes ou depois dele, estavam já em grande parte putrefatos ou em estado de decomposição, ao passo que o seu estava *intacto, fresco e inteiro*; só a pele do peito e a da cabeça estavam negras porque tinham espalhado cal viva no caixão ao colocarem o corpo, a fim de que se decompusesse rapidamente. Sob a pele superficial, que se soltou facilmente arranhando, encontraram outra mais sólida, fresca e avermelhada; todas *as articulações estavam flexíveis* e os membros, móveis. Procedeu-se a um teste: colocaram um bastão na mão direita do cadáver e ele o agarrou firmemente com os dedos. *Seus olhos estavam ora abertos, ora fechados*; quando ergueram o corpo, *ele virou a cabeça*, primeiro por volta de meia-noite, no dia seguinte ao meio-dia. Alguém ousou tirar-lhe uma meia: embaixo, tudo estava intacto, *a pele avermelhada* e as artérias bem visíveis. Quando lhe abriram a outra panturrilha com uma faca, escorreu *um belo sangue vermelho*, como num ser vivo. O nariz, que nos mortos necrosa em primeiro lugar, estava intacto e proeminente. Em vida, Cuntze tinha sido baixo e seco, mas seu cadáver estava agora bem mais forte, seu rosto inchado, suas faces cheias e todo o resto dilatado, como os porcos que se costuma criar e engordar, de tal modo que a massa do corpo quase não tinha mais lugar no caixão onde tinha repousado de 8 de fevereiro a 20 de julho.

Para evitar precipitar a situação, pediram a opinião dos homens instruídos da vizinhança, mas não se encontrou nenhum que não atribuísse a Cuntze a culpa de tudo o que acontecia. Condenaram-no, então, a ser queimado, mas não se executou a sentença antes de dar ciência de todo o caso à corte do príncipe reinante e receber instruções dizendo como se comportar. A primeira resposta dizia: nada de precipitação; peçam outras opiniões e consigam outras informações; mas já que os habitantes estão cansados dessa desordem diurna e noturna, contratem um carrasco da vizinhança – nessa época, não havia nenhum no lugar – para ele vir com dois ajudantes e proceder à cremação.

Os habitantes prometeram ao carrasco o cavalo de Cuntze e algum dinheiro, hospedagem e refeição enquanto ele permanecesse no local para resolver esse assunto. Entrementes, prepararam tudo que era necessário e mandaram alguns homens cavar um buraco na parede, perto do altar, pelo qual poderiam tirar o cadáver. Todos os habitantes, sem exceção, dirigiram-se a um bosque próximo, onde o falecido Cuntze cortava madeira, abateram a quantidade necessária, levaram até o local da execução e fizeram os ajudantes do carrasco armar uma fogueira.

*Tiraram o corpo para fora do túmulo*[25] com cordas e o fizeram passar pelo *buraco na parede*. Ele estava tão pesado que as cordas se romperam e julgaram não poder movê-lo. Do lado de fora, esperava o carroção do lixo ao qual se atrelou o cavalo de Cuntze. Carregar o cadáver foi tão difícil que esse animal robusto precisou parar muitas vezes e foi preciso obrigá-lo a avançar a chicotadas, enquanto na ida ele tinha puxado sem dificuldade a carroça com os dois ajudantes, rapazes robustos. Quando chegaram ao depósito,[26] puseram o corpo sobre a fogueira com sua mortalha e *o punhado de terra colocado sobre sua garganta* e atearam fogo.

Embora a chama fosse ardente e ele ficasse exposto a ela por muito tempo, só queimaram a cabeça, os antebraços e a parte de baixo das pernas a partir dos joelhos; o tronco permaneceu quase intacto. O carrasco tirou-o da fogueira com um gancho, cortou-o em pedaços e encontrou tanto sangue fresco que ficou todo esborrifado. A carne muito gorda foi jogada no fogo pedaço por pedaço, mas se consumiu tão lentamente que a cremação durou até tarde da noite por causa do sangue contido no cadáver.[27] Acenderam fogo no lugar em que tinham despedaçado o corpo porque muito sangue se tinha espalhado pelo chão. Dispuseram guardas para a noite e, de manhã, *jogaram as cinzas restantes no rio com a terra do túmulo*, que entulharam com pedras grandes a fim de que ninguém mais fosse enterrado ali.

Havia rumores também de que, por ordem das autoridades, os pais e os irmãos da segunda esposa de Cuntze teriam sido exumados e queimados por causa das aparições que se seguiram à morte dele – eles tinham a aparência dele –, e porque talvez tivessem levado Guntze a fazer aquele *pacto com o diabo*.

---

25 Evitava-se tocar o cadáver. Isidoro de Sevilha nos diz a razão: "É impuro aquele ... que tocou um morto" (*Liber differentiarum*, Migne, *Pat. Lat.* 83, col. 53)
26 Para não sujar a terra, escolhe-se um local impuro.
27 Esses detalhes são perfeitamente reais e corroborados por relatos de cremação da época moderna. Nem todos os cadáveres queimam da mesma maneira.

## Nova aparição

No dia seguinte à execução, a agitação satânica cessou de repente. Às perguntas feitas, os vigilantes da noite responderam que nada tinha acontecido. Quando se encontravam, os habitantes se felicitavam pela calma geral, como se o sol brilhante e o céu sereno os tivessem tranquilizado após um violento temporal e uma forte chuva. A situação permaneceu assim durante algum tempo, até que morreu e foi enterrada uma criada da casa de Cuntze.

Como se suspeitava de que ela tivesse aprendido algo do falecido Cuntze e estivesse infectada pelo veneno da *feitiçaria*, procuraram prevenir seu retorno inquietante e colocaram diversos objetos no seu caixão: um prego de roda, uma moeda de prata, a vassoura de palha com a qual ela lavava habitualmente a cozinha,[28] *um punhado de grama fresca que introduziram na sua garganta, entre o queixo e o peito.* Tudo isso devia servir para impedir qualquer malefício, mas foi em vão.

Oito dias depois de sua morte, um espírito batedor apareceu e *apertou* as outras criadas de maneira tão forte que os olhos delas incharam. Ele pegou uma criança no berço e quase a teria *estrangulado* se uma ama de leite não a tivesse acudido a tempo e salvado, gritando e repetindo o nome de Jesus. Na noite seguinte, ele entrou na estrebaria sob a forma de uma galinha. Como outra criada pensou que se tratava de uma ave fugida do galinheiro, quis agarrá-la, mas a ave cresceu terrivelmente num instante, agarrou-a pela garganta e beliscou-a tão forte que ela inchou. A criada não pôde comer nem beber durante alguns dias e se preparou para a morte comungando, depois de ter experimentado aquele terror. A uma terceira criada, o espírito ordenou que vestisse uma camisa branca porque a que ela usava estava suja o bastante para ser lavada.[29] A

---

[28] Todos sabemos que a vassoura é o instrumento da feiticeira. A alusão à lavagem faz referência à atividade dessas mulheres que provocam tempestades agitando sua vassoura na água. O prego e a moeda são objetos metálicos que devem afugentar os espíritos desejosos de possuir o cadáver.

[29] Eis de novo o tema da ordem: a defunta deseja que se respeite um código de limpeza.

agitação durou um mês inteiro, assumindo várias formas. A aparição dava golpes atrozes nas portas, apertava as pessoas, jogava-as para fora da cama, aparecia sob a forma de uma mulher, de um cão ou de um bode. Ela bebeu uma garrafa de vinho de rosas na casa do burgomestre, entretanto se encontrou a garrafa cheia no dia seguinte.[30] Ela fez ainda muitas outras coisas.

Como a cremação era para todos a melhor solução, exumaram o corpo e examinaram o caixão. Constataram que o cadáver estava no mesmo estado que o de Cuntze pouco tempo antes e que *tinha devorado a grama do feixe* até a terra. Levaram o corpo para a fogueira com as cerimônias habituais,[31] depois de queimado espalharam com cuidado a terra restante numa água corrente próxima, e assim chegou ao fim essa nova aparição de Bendschin, e as pessoas apertadas ou esmagadas recobraram rapidamente a saúde.

---

30 Detalhe extraído da descida das fadas às casas em certas datas, cf. LECOUTEUX, C. *Au-delà du merveilleux*, op. cit., p.168-75.
31 Aquelas que foram evocadas mais acima a propósito de Cuntze.

# Referências bibliográficas

## Obras de referência

BUNSON, M., HELLEQUIN, A. *Das Buch der Vampire. Von Dracula, Untoten und anderen Fürsten der Finsternis. Ein Lexikon.* Berna, 1997.
CARTER, M. L. *The vampire in literature:* a critical bibliography. Ann Arbor (Michigan), 1989.
COHEN, D. *Encyclopédie des fantômes.* Paris, 1984.
JÄNSCH, E. *Vampir-Lexikon:* Die Autoren des Schreckens und ihre blutsaugerischen Kreaturen. 200 Jahre Vampire in der Literatur. Augsbourg, 1995.
RICARDO, M. V. *Vampires Unearthed:* the complete multi-media vampire and Dracula bibliography. New York, 1983.

## Estudos

AGAZZI, R. *Il mito del vampiro in Europa.* Bologna, 1977.
ANGENO, M. *Le Roman populaire. Recherches en paralittérature.* Montreal, 1975.t
In: ALEXANDRE-BIDON, D., TREFFORT, C. *A réveiller les morts. La mort au quotidien dans l'Occident medieval.* Lyon, 1993.

_____. *L'au-delà des astronomes, des philosophes, des religieux...*, Sciences et Avenir, n.117, 1998.

BARBER, P. *Vampires, burials and death. Folklore and reality.* New Haven, London, 1988.

BAUDRAND, H. *Les dents de la mort: le mythe des vampires, des origines au Dracula de F. F. Coppola.* Mémoire de l'IEP, Grenoble, 1993.

BIEDERMANN. *Handlexikon der magischen Künste, von der Spätantike bis zum 19 Jahrhundert.* 2.ed. Graz, 1973. verbete "Vampir".

BOEHLICH, E. Die Hexe von Lewin (1345). Ein Beitrag zur Geschichte des Vampirismus. *Glazer Heimatblätter*, v.14, p.1-16, 1928.

BUICAN, D. *Les métamorphoses de Dracula: l'histoire et la légende.* Paris, 1993.

BURKHART, D. *Vampirglaube una Vampirsage auf dem Balkan.* München, 1966 (Beiträge zur Südosteuropa-Forschung).

CAJKANOVOC, V. The killing of a vampire. *Folklore* 7/4 (3974), p.260-71.

CALMET, D. A. *Dissertation sur les apparitions des esprits et sur les vampires ou les revenants de Hongrie, de Moravie, etc.* Einsiedeln, 1749; (reed.), Grenoble, 1978.

CAPDECOMME, M. *La vie des morts.* Enquête sur les fantômes d'hier et d'aujourd'hui. Paris, 1997.

COPPER, B. *Der Vampir in Légende, Kunst und Wirklichkeit.* München, 1974.

CORRADI AMSI, C. *Vampirí europei e vampiri dell'área sciamanica.* Messina, 1995.

CREMENE, A. *La mythologie du vampire en Roumanie.* Mônaco, 1981.

DAVANZATI, G. *Dissertatione sopra i vampiri.* Napoli, 1789.

DELORME, R. *Les vampires humains.* Paris, 1979.

D'ElVERT, C. Die Vampyre in Mähren, *Schriften der historisch-statistischen Section der k.k. mährisch-schlesischen Gesellschaft*, v.12, p.319--421, 1859.

DORN, M. *Vampirfüme und ihre sozialen Funktionen. Ein Beitrag zur Genregeschichte.* Francfurt, Viena, Los Angeles, 1994.

FAIVRE, A. *Les vampires. Essai historique, critique et littéraire.* Paris, 1962.

FRITSCHIUS, J. C. *Eines Weimarischen Mediei Mutmaflliche Gedanken Von denen Vampyren, Oder sogenannten Blut-Saugern, Welchen zuletzt Das Gutachten Der Königl. Preuftischen Societat derer Wissenschafften, Von gedachten Vampyren, Mit beygefüget ist.* Leipzig, 1732.

GEIGER, P. Leiche. In: BÄCHTOLD-STÄUBLI, H. *Handwörterbuch des deutschen Aberglaubens*, 10 vol. 2. ed. Berlin, New York, 1987a, t.5, col.1024-1060.

_____. Leichenwache. In: BÄCHTOLD-STÄUBLI, H. *Handwörterbuch des deutschen Aberglaubens*, 10 vol. 2. ed. Berlin, New York, 1987b, t.5, col.1105-1113.

_____. Nachzehrer. In: BÄCHTOLD-STÄUBLI, H. *Handwröterbuch dês deutschen Aberglaubens*, 10 vol. 2. ed. Berlin, New York, 1987c, t.6, col.812-823.

_____. Unverwest. In: BÄCHTOLD-STÄUBLI, H. *Handwröterbuch des deutschen Aberglaubens*, 10 vol. 2. ed. Berlin, New York, 1987d, t.8, col.1496-97.

GROBER-GLÜCK, G. Aufhocker und Aufhocken. In: ZENDER, M. *Atlas der deutschen Volkskunde*, Erläuterangen zur 4. Lieferung, Marbourg, 1966. p.127-223.

Der Verstorbene als Nachzehrer. In: ZENDER, M. *Atlas der deutschen Volkskunde*, Erlöuterungen zu den Karten 43-48, Marbourg, 1981. p.427-456.

HARENBERG, J. C. *Vernünftliche und christliche Gedancken über die Vampirs oder blut-saugenden Todten*. Wolfenbüttel, 1733.

HARMENING, D. *Der Anfang von Dracula. Zur Geschichte von Geschichten*. Würzburg, 1983 (Quellen & Forschungen zui európaischen Ethnologie, 1).

HOCHHAUSEN, R. *Der aufgehobene Tod im franzosischen Popularroman dês 19. Jahrhunderts*: Ewiger Jude, Vampire, Lebenselixiere, Heidelberg, 1988 (Studia Romanica, 71).

HOCK, S. *Die Vampyrsagen und ihre Verwertung in der deutschen Literatur*. Berlin, 1900.

100 Jahre Dracula, *Maske und Kothurn*, v.41, 1998. Número inteiramente consagrado a Drácula (cinema, teatro, televisão) e a seu sucesso.

JAWORSKIJ, J. Südrussische Vampire, *Zeitschrift dês Vereinsfür Volkskunde*, v.8, p.331-6, 1898.

JONASCH, M. *Vampire. Eine Untersuchung der literarischen Figur des Vampirs anhand ausgewahlter Texte*: HORÏMANN, E. T. A: *Der Vampir*; STROBL, K. H.: *Das Grabmal auf dem Père Lachaise*; ARTMANN, H. C.: *Dracula, Dracula, ein transsylvanisches Abenteuer*, 1995.

JONES, E. *Le cauchemar*. Paris, 1973. trad. do inglês por Annette Stronck-Robert.

KLAPPER, J. Die schlesischen Geschichten von den schädigenden Toten, *Mittheilungen der schlesischen Gesellschaft für Volkskunde*, v.11, p.58-94, 1909.

KÖPECZI. Un scandale des lumières: les vampires. In: TROUSSON, R. (Ed.). *Mélanges offerts à Roland Mortier*. Genebra, 1980. p. 7-19.

KYLL, N. Die Bestattung der Toten mit dem Gesicht nach unten, *Trierer Zeitschrift für Geschichte und Kunst des Trierer Landes*, v.27, p.168-83, 1964.

LACASSIN, F. Le vampire ou le sang vainqueur de la mort, *Vampires de Paris*. Paris, 1981

LAMBRECHT, K. *Hexenverfolgung und Zaubereiprozesse in den schlesischen Territorien*. Köln, Weimar, Wien, 1995 (*Neue Forschungen zur schlesischen Geschichte*, 4). p.383-401.

La mort difficile. Paris, 1986. *Hésiode, Cahiers d'ethnologie méditerranéenne*, v.2, 1994.

LECOUTEUX, C. *Fantômes et revenants au Moyen Âge*. Paris, 1986.

_____. *Chasses fantastiques et cohortes de la nuit au Moyen Âge*. Paris, 1999.

_____. Les âmes errantes. *Sciences et Avenir*, v.117, p.40-3, 1998.

_____. Une singulière conception de l'âme: remarques sur l'arrière-plan de quelques traditions populaires, *Medieval Folklore*, v. 2, p.21-47, 1992.

LE ROY LADURIE, E. *Montaillou, village occitan, de 1294 à 1324*. Paris, 1975.

LOTTES, W. Dracula & Co. Der Vampir in der englischen Literatur, *Archiv für das Studium der neueren Sprachen und Literaturen*, v.220, p.285-99, 1983.

McNALLY, R. T., FLORESCU, R. *A la recherche de Dracula*. Paris, 1973.

MANNHARDT, W. Über Vampyrismus, *Zeitschrift für deutsche Mythologie und Sittenkunde*, v.4, p.259-82, 1859.

MARIGNY, J. (Ed.). Les vampires. *Colloque sur le vampirisme dans la légende, la littérature et les arts*. Paris, 1993 (Cahiers de l'hermétisme).

MARKALE, J. *L'Énigme des vampires*. Paris, 1991.

MARTIN, R.-P. *Dracula, das Leben des Fürsten Vlad Tepes*. Berlin, 1980 (WAT, 65).

MASTERS, A. *The natural History of the vampire*. Londres, 1972.

METZGER, E. La mutilation des morts, *Mélanges Charles Andler*, Paris, p.257-67, 1954.

MICHOUX, C. Magie, dent et vampirisme, *Frénésie*, v.3, p.202-10, 1987.

MORIN, E. *L'homme et la mort*. Paris, 1976.
MÜLLER, I., RÖHRICHT, L. Der Tod und die Toten, *Deutsches Jahrbuch für Volkskunde*, v.13, p 346-97, 1967.
MURGOCI, A. The vampire in Roumania, *Folklore*, v.37, p.320-49, 1926.
NANDRIS, G. *The Dracula theme in the European literature of the West and of the East*. New York, 1965.
PABAN, G. *Histoire des fantômes et des démons*. Paris, 1819.
PIRIER, D. *Les vampires du cinéma*. Bruxelas, 1978.
PLANCY, C. *Histoire des vampires*. Paris, 1820.
PÓCS, E. *Between the living and the dead. A perspective on witches and seers in the early Modern Age*. Budapeste, 1997.
POHL, H. Die Gruselgeschichte, ein Beitrag zur Psychoanalyse von Horrorliteratur, *Zeitschrift f. psychosomatische Medizin*, v.31, p.187-99, 1985.
POHLE, J. C., HERTEL, J. G. *De hominibus post mortem sanguisugis vulgo sic dictis Vampyren*. Leipzig, 1732.
RANFT, M. *De masticatione mortuorum in tumulis*, 1728. Trad. por D. Sonnier, Grenoble, 1995.
ROHR, P. *Dissertatio historico-philosophica de masticatione mortuorum*. Leipzig, 1679.
SCHERTZ, K. F. *Magia posthuma*. Olmütz, 1706.
SCHRÖDER, A. *Vampirismus, Seine Entwicklung vorn Thema zum Motiv*. Frankfurt, 1973.
STOCK, J. C. *Dissertatio physica de cadaveribus sanguisugis. Von denen so genannten Vampyren oder Menschen-Säugern*. Jéna, 1732.
SUMMER, M. *The vampire, his kith and kin*. New York, 1960.
_____. *The vampire in Europe*. New York, 1961.
TERRAMORSI, B. La revenance du *Nightmare* de Heinrich Füssli dans la littérature fantastique, Bessière, J., Montaclair, F. (Eds.). *La Littérature comparée et les arts: les motifs du fantastique*. Paris, 1998 (Collection Littérature comparée).
_____. Une cure d'amour: la morte amoureuse de Th. Gautier, *Bulletin de Ia SFLGC*, v.13, p.75-100, 1992.
THALLÓCZY, L. Beitráge zum Vampyr-Glauben der Serben, *Ethnologische Mitteilungen aus Ungarn*, p.162-4, 1887.
THARSANDER, S. *Platz vieler Ungereimten Meynungen und Erzehlungen, Worauf die unter dem Titul Der Magiae Naturalis...*, VIII. Stück, Berlin, Leipzig, 1736.
VILLENEUVE, R. *Loups-garous et Vampires*. Paris, Genève, 1963.

VILLENEUVE, R., DEGAUZENDI, J.-L. *Le musée des vampires*. Paris, 1976.

*Visum & repertum. Über die só genannfen Vampirs, oder Blut-Aussauger, Só zu Medvegia in Servien, an der Türkischen Granitz, den 7. Januarii 1732. Geschehen. Nebst einem Anhang/von dem Kauen undSchmatzen der Todien in Gräbern*, Nuremberg, 1732.

WIEGELMANN, G. Der lebende Leichnam im Volksbrauch, *Zeitschrift für Volkskunde*, v.62, p.161-83, 1966.

W. S. G. E. *Curieuse und sehr wunderbare Relation, von denen sich neuer Dingen in Servien erzeigenden Blutsaugern oder vampyrs*, 1732.

WRIGHT, D. *Vampires and vampirism*. Londres, 1914.

ZOPF, J. *Dissertatio de vampyris Serviensibus*. Duisburg, 1733.

## Antologias, textos

GOIMARD, J.; STRAGLIATI, R. *Histoires de morts vivants*. Paris, 1977 (A grande antologia do fantástico) com A. Tolstoi, *La famille du vourdalak*, p.31-65, e Th. Gautier, *La morte amoureuse*, p. 67-104.

HÉROLD, A. F. *Les contes du vampire*. Paris, 1891.

*HISTOIRES de fantômes anglais*, trad. de G. Camille, prefácio de E. Jaloux, Paris, 1962; com *Carmilla*, de J. Sheridan Le Fanu (p.23-92), e *Le vampire*, de J. William Polidori (p.213-30).

LECOUTEUX, C.; MARCQ, P. *Les esprits et les morts*. Paris, 1990.

STOKER, B. *Dracula*. Trad. por Lucienne Molitor, introdução por Antoine Faivre. Paris, 1991.

STURM, D.; VÖLKER, K. *Von denen Vampiren*. Munique, 1994 (Phantastische Bibliothek, st. 2281). Excelente antologia com inúmeros fragmentos de documentos dos séculos XVIII e XIX, de Lutero a J. Görres.

VADIM, R. *Histoires de vampires*. Paris, 1961.

# Índice remissivo

Água benta 49, 61, 74, 85, 109, 120, 144, 161
Alaphostratos 132
Alho 19, 26, 27, 33, 69, 122, 123, 126, 127, 145, 151
*Alter ego* 70, 172, 173, 174
Apuleio 116
Aragon 34
*Ars moriendi* 43

Baudelaire 10, 19
Bilhete de São Lucas 119, 149
Boyer d'Argens 13
Brucolaque 20, 37, 76, 79, 86, 105, 145, 179
Burchart de Worms 86
Bürger 62

Caça infernal 42, 84
Caillois, Roger 15

Calmet, Dom 13, 14, 24, 36, 58, 75, 76, 80, 81, 92, 94, 105, 135, 144, 151, 161, 179, 202
*Cantos akríticos* 62
Cão 25, 63, 84, 93, 100, 106, 107, 109, 110, 199
Censorinus 40
Cólera 16, 108, 131, 142, 159, 168, 169
Coppola 11, 157, 202
*Crônica de Saint-Denis* 122
*Crônica de tempos passados* 83
Crucificação 124
Cruz 10, 26, 28, 31, 33, 61, 127, 144, 161, 185

Decapitar 75, 154
Denac 48
Dentadura de ferro 131
Devorar 63, 71, 82, 83, 86, 87
Drácula 9, 11, 12, 17, 21, 24, 26, 45, 60, 91, 101, 103, 106,

126, 132, 138, 140, 145, 153,
    161, 172, 176, 185, 203
Duração de vida 40
Dvoeduschniki 70, 173

Elfland 56
Encruzilhada 89, 96, 98, 108,
    110, 116, 123, 124
Enxada 65, 71, 74, 75, 80, 98,
    140, 141, 142, 147, 148, 160,
    185
Espada 23, 61, 75, 95, 139, 148
Espírito-amante (cf. zburator)
    59, 60
Estaca 24, 26, 29, 31, 50, 68,
    80, 81, 85, 89, 96, 97, 106,
    124, 125, 139, 140, 141, 144,
    145, 146, 147, 151, 181
Estrige 27, 99, 104
Excomungados 13, 48, 70, 161,
    162

Feiticeira 68, 69, 90, 95, 96, 97,
    101, 102, 107, 108, 116, 124,
    125, 127, 137, 149, 152, 153,
    168, 198
Feiticeiros 41, 45, 49, 57, 67,
    70, 102, 125, 137, 159, 168,
    172, 194
Fetch 76
Féval, Paul 16
Filostrato 83
Fogueira 24, 57, 67, 81, 94, 142,
    192, 196, 197, 199
Força 9, 20, 23, 25, 26, 28, 31,
    35, 47, 78, 85, 116, 135, 136,
    141, 153, 157, 162, 163, 164,
    171, 172, 177, 185, 193
Fournier, Jacques 57
Füssli 22, 205

Garmann 94, 158, 166
Gato 22, 67, 68, 87, 106, 107,
    109, 115, 189
Gautier, Map 54, 55, 74, 75, 80,
    89
Gautier, Théophile 10, 21, 30,
    31, 32, 34, 35, 44, 46, 133,
    134, 139, 144, 176, 205, 206
Gervais de Tilbury 60
Goethe 9, 14, 65, 66, 174, 184
Gozlan, Leon 15, 16, 20, 168
Grégoire de Tours 61
Guillaume de Malmesbury 124
Guillaume de Newbury 28, 141
Guillaume Durand 120
Gunnlaug Leifsson 61

Hajek de Libotschan 95
Harenberg, Joh.Chr. 131, 203
Hart, James 9
Hollen, Gotschalk 48
Hóstia 27, 28, 64, 161
Huet 42
Hugo, Victor 53

Incenso 62, 123, 127
Incinerar 49, 93, 96, 143, 181
*Insepulti* 41
Intersignos 194
Inumação 23, 41, 116, 121, 122,
    125, 133, 151, 183, 189, 190

Kolbitz, Martin 99

La Fontaine, Jean de 45
Lágrimas 42, 44, 117, 118, 147
Latawiec 60
Le Fanu, J. Sheridan 19, 21, 22,
    24, 30, 31, 35, 44, 71, 81, 87,

104, 130, 138, 139, 140, 174, 184, 206
Lobisomem 70, 102, 106, 123
Lobo 10, 25, 99, 102, 104, 169, 172
Lua 20, 21, 25, 28, 34, 66, 77, 78, 102, 139, 185
Lutero, Martinho 97, 206

Machado 23, 28, 108, 120, 127, 139, 143, 148, 154
Marschner, August 21
Mérimée, Prosper 10
Missa 29, 61, 124, 146
Monschmidt, Franciscus Solanus 49
Morcego 10, 25, 93, 99, 172
*Moroiu* 106, 107, 108, 109, 123, 127
Morte má 41, 43, 47, 162
Mortos prematuros 41
Mosca 10, 63, 108
Muller, Josef 59
Murnau, W. 11, 106, 168
*Murony* 106, 144

*Nobiskrug* 61
Nodier, Charles 21
Nosferatu 11, 33, 106, 107, 168, 176
Nudez 137

Orko 48
Ovídio 95

Pênis 137
Pentagramas 127
Pesadelo 13, 22, 68, 70, 71, 73, 89, 90, 91, 92, 127, 159, 172, 187, 190, 192

Peste 95, 108, 130, 131, 142, 159, 167, 169
Pierre, Damien 61
Pino 63, 124
Pohl, Christoph 13
Polanski, Roman 11
Polidori 10, 19, 20, 21, 35, 82, 126, 176, 206
Ponson du Terrail 13, 32
Porfiria 168
Possessão 64, 74, 102, 161, 189
Poushkin 105

Queimar 89, 96, 139, 142, 143, 148, 151, 183, 197

Raiva 131, 169, 174, 185
Ranft, Michael 13, 87, 88, 121, 137, 162, 163, 164, 165, 166, 205
Rohr, Philipp 13, 94, 205
Rzaczynski, Gabriel 98, 99

Saberhagen Fred 9
*Saga das pessoas do Flói* 76
*Saga de Egil e de Asmund* 84
*Saga de Eric o Vermelho* 85
Sangue 9, 10, 12, 14, 20, 21, 23, 24, 25, 29, 32, 33, 36, 37, 60, 63, 67, 68, 69, 73, 80, 82, 83, 86, 87, 88, 89, 91, 92, 93, 96, 102, 103, 104, 105, 106, 107, 108, 111, 113, 130, 133, 134, 135, 136, 137, 138, 141, 142, 143, 145, 146, 148, 151, 153, 154, 155, 160, 163, 165, 166, 167, 168, 169, 171, 174, 175, 176, 180, 181, 182, 183, 194, 196, 197
Saxon o Gramático 84, 125

Schertz, Cjazrles Ferdinand von 75, 92, 93, 145, 159, 168, 205
Scott, Walter 56
*Sepultura asini* 122
Serpente de fogo 59
Sombra 25, 34, 35, 40, 70, 98, 103, 109, 130, 171, 173
Sprenger, Jacques 95, 167
*Stafia* 106, 109, 110, 173
Stoker, Bram 9, 10, 19, 24, 25, 26, 30, 32, 50, 62, 77, 101, 103, 106, 132, 138, 140, 145, 153, 175, 177
*Strigoï* 27, 68, 106, 107, 108, 122, 173
*Strigon* 102
Swedenborg 158

Tharsander 58, 59, 205
Thomas de Cantimpré 55
Titinus 26

Tolstoi, Aléxis 21, 29, 31, 35, 81, 82, 104, 129, 139, 206

*Upyre* 22, 32, 104

Vadim, Roger 20, 206
*Vârkolac* 102, 103
Vignola, Robert 11
Vinslow 158
Vogt, Gottlob Heinrich 13
Voltaire 12, 14, 36, 37
*Vurdalak* 21, 29, 32, 81, 104, 105, 129

Walpole, Horace 19
Weitenkampf, Joh. Friedrich 167
Wilson, Paul 32, 108
Wraith 76

*Zburator* 60

SOBRE O LIVRO

*Formato*: 14 x 21 cm
*Mancha*: 23 x 43 paicas
*Tipologia*: Iowan Old Style 10/14
*Papel*: Offset 75 g/m² (miolo)
Cartão Supremo 250 g/m² (capa)
*1ª edição*: 2005

EQUIPE DE REALIZAÇÃO

*Coordenação Geral*
Sidnei Simonelli

*Produção Gráfica*
Anderson Nobara

*Edição de Texto*
Patrizia Zagni (Preparação de Original)
Sandra Regina de Souza e
Sandra Garcia Cortes (Revisão)
Oitava Rima Prod. Editorial (Atualização Ortográfica)

*Editoração Eletrônica*
Oitava Rima Prod. Editorial

Rua Xavier Curado, 388 • Ipiranga - SP • 04210 100
Tel.: (11) 2063 7000 • Fax: (11) 2061 8709
rettec@rettec.com.br • www.rettec.com.br